KB190915

코로나 예배 전쟁
– 코로나 시대, 예배와 목회의 26가지 물음에 답하다 –

세움북스는 기독교 가치관으로 교회와 성도를 건강하게 세우는 바른 책을 만들어 갑니다.

코로나 예배 전쟁
코로나 시대, 예배와 목회의 26가지 물음에 답하다

초판 1쇄 인쇄 2021년 6월 25일
초판 1쇄 발행 2021년 6월 30일

지은이 | 안재경
펴낸이 | 강인구
펴낸곳 | 세움북스

등 록 | 제2014-000144호
주 소 | 서울시 종로구 삼일대로 428(낙원동) 낙원상가 5층 500-8호
전 화 | 02-3144-3500
팩 스 | 02-6008-5712
이메일 | cdgn@daum.net

교 정 | 류성민
디자인 | 참디자인

ISBN 979-11-91715-02-6 (03230)

안재경 지음

코로나 예배 전쟁

코로나 시대,
예배와 목회의
26가지
물음에 답하다

세움북스

머리말

벌써 재작년 11월의 이야기입니다. 어떤 분이 자기 아이와 나눈 이야기를 들려 주었습니다. "아빠, 올 해는 코로나로 인해 아무 것도 할 수 없었으니까 선물을 좀 줘야 하지 않겠어?"라고 말했다고 합니다. 대단한 선물을 달라 할 줄 알고 마음을 졸이면서 무슨 선물을 바라느냐고 물었더니, "올 해는 없던 것으로 하고 내년이 다시 2020년이 되어야 하지 않겠어?"라고 말해서 빵하고 터졌답니다. 한 해를 아예 지우고 2020년을 새롭게 시작하자는 것이 얼마나 신선한 생각입니까? 웃기는 말이지만 그 아이는 심각하게 말했을 것입니다. 맞는 말입니다. 올 한 해 지극히 작은 코로나 바이러스가 거대한 세상을 초토화시키고 있습니다. 아직도 그 기세가 꺾이지 않고 2차 3차 대유행으로 옮겨가고 있습니다. 코로나가 얼마나 무서운지, 이제 코로나 이전으로 결코 돌아갈 수 없다고 합니다. 세계 역사는 코로나 이전과 이후로 나뉠 것이라는 과장 섞인 말도 내어놓고 있습니다. 한 국가의 관점에서 보더라도 우리는 그동안 엄두도 내지 못했던 것들을 하나씩 실험하고 있습니다. 코로나가 우리 삶 전반을 속속들이 바꾸어 놓고 있습니다.

코로나는 교회도 엄청나게 바꾸어 놓았습니다. 가장 크게 바꾼 것이 주일 예배입니다. 코로나 감염과 전파로 인해 우리는 모여서 예배할 수 없게 되었습니다. 함께 모여서 예배하는 것이 지극히 당연하다는 생각에 큰 균열이 일어났습니다. 교회마다 우리는 아무런 준비 없이 온라인 예배를 시작했습니다. 이제 교인들은 주일이 되어도 예배당에 갈 필요 없이 집이나 야외에서 하루를 보냅니다. 코로나 이후가 걱정입니다. 온라인 예배에 익숙해진 성도들은 모여서 예배하는 것을 필수라고 생각하지 않을 것입니다. 함께 모여 예배하는 것만이 아니라 교회에 대해서도 달리 생각하게 될 것입니다. 한국 기독인들은 끊임없이 예배했음에도 불구하고 개인주의적인 신앙생활을 해 왔습니다. 이제는 더 급속도로 개인주의화된 신앙생활을 하게 될 것이고, 교회를 떠나는 이들도 속출할 것입니다.

코로나는 목사의 모습과 삶도 크게 변화시켰습니다. 저는 생애 처음으로 작년 2달 동안 주일에 예배하지 않고 가정 경건회를 가졌습니다. 새벽 기도회도 좀 쉬었습니다. 목사가 왜 존재해야 하는지 고민할 수밖에 없었습니다. '조용한 혁명'이라는 말처럼 코로나는 초대 교회가 로마로부터 핍박받았던 때보다, 그리고 한국 교회의 일제 시대와 6·25사변 때보다도 더 큰 변화를 가져왔습니다. 코로나는 교회에 아주 깊은 흔적을 남기고 있고, 더 이상 이전의 주일과 예배의 모습으로 돌아갈 수 없게 만들었습니다. 코로나가 우리를 이전으로 돌아가지 못하게 하는 것이 한편으로 다행일는지 모릅니다. 이제부터 우리는 새롭게 하나님께 나아가고, 새롭게 이 세상으로 나아가야 하기 때문입니다.

코로나로 인해 한 해 반 동안 겪은 다양한 모습과 질문들을 정리해 보았습니다. 본서는 총 3부로 구성되어 있는데, 제1부는 코로나 시대의 민감한 풍경들을 문답형식으로 담았습니다. 코로나 초기에 우왕좌왕하면서 요동쳤던 흐릿한 장면들이며, 지금까지 계속되고 있는 예배와 우리 사회의 전쟁같은 모습을 그려 보았습니다. 제2부는 현장예배를 아예 중단하고, 가정경건회를 가지기로 하면서 교인들에게 보낸 목회편지를 문답형식으로 담았습니다. 제3부는 기독교보에 '코로나 시대의 합당한 예배'라는 주제로 연속기고한 12편의 문답글을 모은 것입니다. 첫 여섯장(1-6장)은 코로나시대 예배의 변화상을 담았고, 마지막 여섯장(7-12장)은 예배의 요소들(불러주심, 용서하심, 말씀하심, 자신주심, 서로나눔, 파송하심)을 코로나 시대에 적용한 글입니다. 부록에는 지난 1년 이상의 코로나 시대에 우리 온생명교회의 예배 모습이 어떻게 바뀌어 갔는지 일지 형식으로 담았습니다. 우리 교회의 개별적인 모습이지만 공교회적인 관점에서 고민하며 지내 온 시간을 담아 본 것입니다.

코로나 백신 접종이 본격적으로 시작되면서 코로나 종식의 날이 훨씬 가까워졌습니다. 우리가 자유롭게 예배할 날이 가까워졌습니다. 너무나 기다리던 상황입니다. 하지만 코로나와 비슷한 것이 얼마든지 다시 올 수 있고 예배는 또다시 혼란을 겪을 수 있습니다. 우리가 아무런 준비 없이 온라인 예배로 전환한 것이 앞으로 우리 예배에 어떤 영향을 미칠 것인지, 향후 이와 비슷한 감염병이 다시 일어날 때 교회는 정부와 어떤 관계를 맺고 대처해야 할 것인지 등등을 정리해 놓지 않고서는 혼란은 더욱 크게 가중될 것입니다. 벌써 예배 전쟁은 시작되었고, 앞으로도 이 전쟁은 거세질 것입니다. 차제에 우리가 평생, 아니 영원히 해야 하는 예배를 새롭게 할 수 있기를 바랍니다. 교회는 예배 하나만 잘 해도 됩니다.

위드 코로나의 해
2021년 6월 남양주 서재에서

목차

제3부
코로나와 예배, 묻고 답하다   113

부록
코로나 예배 일지   185

제1부

코로나 풍경, 묻고 답하다

예전의 주일풍경을 그리워하기만 하면 될까요?

코로나로 인해 주일의 풍경이 너무나 달라졌는데 예전의 모습을 그리워하기만 하면 될까요? 이제는 그 전으로 돌아갈 수 없는데 그것을 그리워하기만 하는 것은 새로운 환경에 적응하기를 거부하는 것이 아닐까요?

코로나가 우리의 일상이며 주일의 풍경을 너무나 많이 바꾸어 놓았다는 것은 사실입니다. 코로나19로 인해 우리 사회가 큰 충격에 휩싸였습니다. 코로나19가 우리 사회에 거대한 흔적을 남기고 있습니다. 코로나19에 감염된 사람들이 받은 충격은 너무나 클 것입니다. 자신도 죽는 것이 아닌가 하는 두려움에 사로잡힌 이들이 많습니다. 미국인들이 해마다 독감으로 16,000명씩 죽는다고 해서, 그리고 국내에서 해마다 독감으로 천몇백 명이 사망한다고 해서 위안이 되겠습니까? 코로나19는 중증 질환

이 아니기 때문에 금방 회복될 수 있다고 말하더라도 자신이 감염되면 그 충격이 결코 가시지 않을 것입니다. 일단 감염되어 완치되었다고 하더라도 후유증이 클 뿐만 아니라 여전히 불안한 마음을 버리지 못할 것입니다. 감염 환자를 지켜보는 이들의 시선이 너무나 따갑기도 하고 말입니다. 마치 예전에 사람들이 한센병 환자 대하듯이 대하지 않습니까? 접촉만 해도 감염이 될 것처럼 지레 겁을 집어먹습니다. 이래 저래 코로나19에 감염된 사람은 한 순간에 마치 범죄자가 된 것 같습니다.

예배와 주일의 모습이 바뀌고 있다

초기 코로나19에 감염된 사람들이 나오기 시작했을 때에는 다들 나와 아무런 상관이 없는 문제라고 생각했을 것입니다. 하지만 이제 상황이 달라졌습니다. 광범위한 지역 감염, 무증상 감염자들이 많아 내 옆에 있는 누구라도 나에게 코로나19 바이러스를 전파할 수 있다고 생각하면서 바짝 경계할 수밖에 없습니다. 이런 상황에서 제일 지혜로운 것은 대중 집회를 포함하여 사람들이 많이 모여 있는 곳에 가지 않는 것입니다. 사람을 피하는 것이 상책입니다. 누구를 통해 감염될지 알 수 없기 때문입니다. 이번에 우리는 공간과 거리에 대해 다시금 생각할 수 있는 계기가 되었습니다. 그동안 우리 한국 사람들은 친하면 스킨십하는 것을 포함하여 너무 거리가 없었습니다. 아무리 친한 사이라고 할지라도 최소한의 거리를 둘 필요가 있는데, 그 거리 없이 막 밀고 들어왔었습니다. 쉽게 말하자면 너

코로나 예배 전쟁

무 무례하게 행동했었습니다. 그러다가 이번 기회에 우리는 '거리를 두는 것'이 얼마나 중요한지 알게 되었습니다.

코로나19는 교회 생활도 급속하게 바꾸고 있습니다. 그동안 한국 교회는 세계의 어떤 교회들보다도 가장 자주 모이는 교회였습니다. 툭하면 모였습니다. 주일만이 아니라 주중에도 매일 교회에서 산다고 할 정도였습니다. 주중 직장에 다니지 않는 분들이 교회에 오는 것이야 무슨 문제가 되겠습니까? 하지만 주중 가정 생활을 제대로 하기 힘들 정도로 교회에서 하는 프로그램을 따라가야 했습니다. 교회 생활이 너무나 힘겨웠다고 말한다면 오해를 살 것입니다. 교회 생활을 즐겁게 하고 있는데 무슨 그런 말을 하냐고 할 것입니다. 그런데 문제는 교회 모임에 대한 태도가 반대 쪽으로 급격하게 기울고 있다는 것입니다. 이제는 아무리 모이자고 해도 모이지 않는 상황으로 급격하게 기울고 있습니다. 코로나19 사태는 계속해서 이렇게 모이는 것이 힘들어진 상황을 더 부채질할 것입니다. 그 추가 급격하게 기우는 데 힘을 보탤 것입니다. 각종 모임에 대해 근본적으로 전환해야 하는 상황이 되었습니다.

급기야 주일에 예배당에 모여서 예배하지 않기로 결정하는 상황마저 발생했습니다. 수도권 지역에서 무서운 기세로 코로나가 확산되어 방역당국이 주일 대면예배를 중단하라는 행정 명령까지 내렸습니다. 대면예배를 하지 않기로 한 이런 결정이 기독교 세속화의 단면이라고 몰아붙이는 이들이 있는데, 이는 지나친 생각입니다. 예배당은 성전이기에 성전에서 예배하지 않으면 예배가 아니라고 말하는 주장은 논외로 치겠습니다. 지금은 핍박으로 인해 예배하지 못하는 상황이 아닙니다. 교인들이 밀집해서 예배하면 코로나 바이러스가 확산할 위험이 크다는 게 문제입니다. 예배로 인해 우리 사회 전체가 큰 피해를 입을 수 있습니다. 이에 교회가 사회에 폐를 끼치지 않기 위해 잠시 대면예배를 중단하는 것입니다. 비상시국이라고 생각하면 되겠습니다. 그러나 그렇기 때문에 더 문제라고 보는 이들도 있을 것입니다. 대면예배를 하지 않겠다고 자발적으로 결정한 것이 교회가 핍박을 받으며 예배 중지가 강제된 상황보다 더 심각하다고 말입니다. 여기서 우리는 예배의 장소성에 관해 활발한 논의가 필요하겠습니다. 이미 예배당에 가지 않고 집에 앉아서 온라인 예배에 참여하는 이들이 많은 상황이니 말입니다. 설교만 강조하고 성례의 중요성을 시위하지 못하면 우리는 언제든지 '예배의 장소성'을 잃게 될 것입니다.

우리 교회의 풍경도 바뀌고 있다

우리는 흔히들 예배는 하나님께 올려드리는 그 무엇이라고 생각합니다. 아닙니다. 예배는 하나님께서 우리에게 베푸시는 것이 먼저입니다. 교회의 예배는 드리는 것이 먼저가 아니라 받는 것이 먼저입니다. 우리가 예배를 귀하게 생각하는 이유가 여기에 있습니다. 예배가 아니고서는 우리가 하나님께 아무 것도 받을 수 없기 때문입니다. 하나님께 드리는 것은 그 다음입니다. 받은 것이 있어야 드릴 수 있습니다. 즉, 예배는 하나님과 그 백성간의 교제라는 것을 아는 것이 무엇보다 중요합니다. 우리는 그동안 어떻게 예배했습니까? 수많은 무리들 속에 묻혀서 감정적으로 고양되는 것이 예배라고 생각하진 않았습니까? 교인 머릿수를 보고서 내가 이 교회에서 신앙생활하면 힘들겠다는 생각을 하진 않았습니까? 단적으로 말해서, 우리는 예배에 모이는 숫자에는 관심이 많았으면서, 교회 회원 중 몇 명이 예배에 참석했는지는 크게 중요하지 않았습니다. 그런데 이제는 숫자가 중요하지 않게 되었고, 예배에 모든 것을 다 담아야겠다는 조바심을 가질 필요도 없게 되었습니다.

우리는 그동안 농담처럼 '주일은 죽일 날이다'라는 말도 하곤 했습니다. 목사들과 헌신적인 교인들은 실감할 것입니다. 일반 교인들도 저녁 늦게까지 성가대 연습이라든지 여러 가지 일로 기진맥진해집니다. 정작 그것이 주일에 꼭 해야 하는 일인지 따지지 않고, 주중에 하기 힘드니까 주일에 다 해야 한다는 생각으로 새벽부터 저녁까지 쉴 틈이 없었습니다. 그래서 우리는 주일에 일을 많이 했을 때 주일을 잘 보낸 것이라고 생각하기도 했습니다. 코로나19는 주일의 이런 모습을 획기적으로 바꾸어 놓았습니다. 오전예배만 하고 점심식사도 하지 않고 모든 소모임이 중단되었습니다. 예배 때도 다들 마스크를 쓴 채로 예배했기에 답답했을 것입니다. 서로 인사하는 것도 최소한으로 하고 맙니다. 그래서 그런지 예배가 끝나자 다들 마스크를 쓴 채였지만, 아쉬워서 돌아가지 못하고 이런 저런 이야기를 나누는 이들이 많았습니다.

목사는 오전예배로 모든 것이 끝나자 너무나 허전했습니다. 주일에 할 일을 다 하지 못한 것처럼 느꼈습니다. 이것 저것 가르쳐야 하는데 그러지 못한 서운함이 아니었을까요? 말 그대로 아무 일도 하지 않는 '휴일' 같다는 느낌이 강했습니다. 몇몇 청년들은 아쉬워서 집으로 가지 않고 남았습니다. 컵라면으로 점심을 때우고 마당에서 운동도 하고 별 시답지 않은 이야기도 하면서 시간을 보냈습니다. 몇몇 자매들은 방에서 누워 빈둥거리면서 이런 저런 이야기를 나누었습니다. 물론, 대부분의 교인들은 가족 단위로 집에 바로 돌아갔습니다. 다른 곳으로 놀러 가지도 못하고 집으로 돌아가서 식사하고 가족들끼리 시간을 많이 가졌을 것입니다. 오전예배만으로 모든 일정이 끝나서 남은 시간 뭘 해야 할지 알지 못해 당황했을 것입니다. 이런 것을 행복한 당황이라고 해야 할까요?

개인주의화된 신앙생활이 대안이 아니다

코로나19는 우리 사회에 중대한 변곡점이 될 것입니다. 우리의 교회 생활에도 마찬가지입니다. 예배당에서 예배하는 것을 왜 포기하냐는 논쟁이 계속되고 있지만 우리는 현실을 잘 직시해야 합니다. 이제는 과거와 달라졌습니다. 교인들에게 아무리 모이라고 해도 이미 모이기 힘든 상황이 되었습니다. 그래서 주일에 모든 것을 다 해치우려고 하는 모습이 강해졌습니다. 이제 교인들이 주일에도 하루 종일 교회에 붙잡혀 있기 싫어한다는 것을 눈치챈 많은 교회들은 주일 예배 한 번에 모든 것을 쏟아붓고 있습니다. 주일 예배에 모든 것을 걸고 있다고 해도 과언이 아닙니다. 우리는 예배 가운데 우리에게 필요한 모든 은혜를 다 받지만 예배 한 번 참석했다고 해서 주일을 잘 지켰다거나 하나님께 대한 의무를 다한 듯한 인상을 주는 예배는 좋은 예배가 아닙니다.

코로나19는 그동안 한국 교회가 집단주의 신앙에 사로잡혀 있었던 것을 바꿀 수 있는 계기라고 말하는 이들이 있습니다. 이제는 개인주의 신앙으로 옮겨갈 수 있는 절호의 기회라는 것입니다. 개인의 경건 생활과 개인의 결단을 강조하는 신앙으로 갈 수 있는 기회라는 것입니다. 예배와 교제를 꼭 오프라인에서만 해야 한다고 주장하는 것이야말로 전근대적인 발상이라고 말합니다. 온라인에서도 얼마든지 가능하다고 말입니다. 이것은 너무나 안일한 생각입니다. 불교는 신도 개개인이 혼자 수도하면서 자신의 욕망을 끊어버리려고 애쓰는 것으로 다 되는지 모르겠지만 기독교는 다릅니다. 기독교는 개인주의적인 신앙생활을 할 수가 없습니다. 그것이 대안이 될 수 없습니다. 신앙생활은 하나님과의 개인적인 관계에 달린 문제만은 아닙니다. 하나님께서는 우리를 교회로 보내시고 그 교회 안에서 우리의 구원을 이루어 가십니다. 코로나19가 끼친 가장 부정적인 모습은 이제 신앙생활을 혼자서 할 수 있다고 생각하는 것입니다. 나 혼자라도 잘하자고 말입니다.

하늘 아버지께서 우리에게 보내어 주신 아드님의 이름이 '예수'였습니다. 우리가 알고 있듯이 그 이름의 뜻은 '자기 백성'을 그들의 죄에서 구원하러 오신 분입니다. 지금 교회의 모습은 가뜩이나 함께 모이기를 원치 않는 상황에서 이제는 함께 모여서 예배나 무언가 하는 것을 회피하고, 신자 개개인에게 모든 것을 맡기라고 할 가능성이 큽니다. 그것이 어린아이의 모습에서 성숙해지는 것이라고 말할지도 모릅니다. 공예배에 참여하는 것 없이, 성도의 교제를 나누는 것 없이 나 혼자서 고독하게 결단하고 행동하는 것이 제일이라고 합리화해서는 안 됩니다. 코로나19는 우리가 새로운 방식으로 잘 모여 예배하고 성도의 교제를 나눌 것을 요청하고 있습니다.

주일은 세상과 깊이 연결되는 날이 되어야 한다

우리는 하나님께서 코로나19를 허용하신 이유가 무엇일지 찾아야 합니다. 우리가 기도하면서 주님께서 이 코로나19를 허락하신 섭리를 찾아야 합니다. 한 가지 생각해 본 것이 있습니다. 하나님께서 우리의 신앙 체질을 바꾸도록 요구하시는 것이 아닐까 하는 생각이 들었습니다. 속된 말로 표현해서 하나님께서 우리에게 다이어트를 요구하시는 것이 아닐까 하는 생각이 들었습니다. 그동안 우리는 너무나 허례허식에 사로잡혔고 신앙생활에 거품이 잔뜩 끼어 있었습니다. 온갖 프로그램과 모임의 홍수 속에서 정작 나누어야 할 말씀과 교제는 뒷전이었습니다. 우리는 우리 자신의 만족과 욕구를 위해 모이고 떠들어 댔던 것이 아닐까요? 그렇다고 이제부터는 함께 모일 필요 없이 각개전투만 잘하면 된다고 말하면서, 그것을 영적 다이어트라고 불러서는 안 될 것입니다.

　코로나 재유행을 말하고 있지만 얼마 후면 주일은 원래의 모습으로 돌아갈 것입니다. 주일은 여전히 분주하고 복잡한 날이 될 것입니다. 그동안 우리는 주일에 모든 것이 결정난다는 듯이 예배와 모임을 가졌습니다. 모든 것이 결정나는 것은 정작 주일이 아닌 주중, 공예배가 아닌 일상인데 말입니다. 이번에 주일의 모든 모임을 잠정 중단한 것을 계기로 예배와 교제에 집중하는 길을 찾아야겠습니다. 신자는 프로그램으로 바뀌지 않습니다. 신자는 예배와 교제로 바뀝니다. 주일은 하나님과의 만남, 그리고 교인들과의 진솔한 만남의 장이 되어야 합니다. 특정한 사람들을 대상으로 하는 세분화된 프로그램이나 몇몇 사람들의 끝없는 헌신을 요구하는 프로그램들은 대부분 중단하고, 함께 예배하고 함께 교제하는 것에 집중해야겠습니다.

　코로나19가 바꾸어 놓은 주일의 모습을 잘 활용하는 것이 좋겠습니다. 우리는 주일이 여러 날들 중에 하루이면서 동시에 타락한 시간 속에 들어와 있는 거룩한 날이라는 것을 알아야 합니다. 예배당 자체를 거룩하게 생각하는 이들도 있지만, 회중이 모여 예배하기에 이 땅에 하늘이 펼쳐진다는 것을 알아야 합니다. 우리는 주일에, 그리고 예배를 통해 더 많은 것을 누릴 수 있습니다. 주일은 모든 날들에 의미를 부여하고, 예배는 모든 활동에 의미를 부여하니 말입니다. 우리는 주일에 다른 것을 할 여유가 없습니다. 예배와 교제 외에 말입니다. 코로나19는 우리가 주일과 예배를 새롭게 볼 수 있는 계기를 마련해 주었습니다. 우리는 주일이 모든 관계가 산산조각난 이 세상을 향해 하늘과 연결될 수 있고 누구와도 연결될 수 있다는 것을 시위하는 날임을 다시금 상기해야만 합니다.

거리두기의 뉴노멀은 어떠해야 할까요?

뉴노멀이라는 말이 유행하고 있는데요. 거리두기도 뉴노멀이 되겠지요. 그런데 코로나가 불러들인 거리두기가 인간관계를 어떻게 바꾸어 놓을지 걱정입니다.

너무 걱정할 필요가 없습니다. 코로나는 우리에게 적절한 거리두기가 너무나 필요하다는 것을 일깨웠기 때문입니다. 차제에 서로간에 필요한 거리를 잘 따져서 적용해야 하겠습니다. 코로나19의 지역사회 감염이 광범위하게 이루어지고 있기에 다들 극도로 예민해졌고 불안해하고 있습니다. 이럴 때일수록 이번 코로나19 바이러스의 특성을 아는 것이 중요합니다. 코로나19 바이러스의 크기는 지름 0.1-0.2 마이크로미터라고 합니다. 0.4 마이크로미터를 94퍼센트 걸러내는 KF94 마스크도 무용지물입니다. 그런데 이번 바이러스는 공기 중으로 퍼져 나가는 것이 아니기 때문에 숨 쉬는 것을 통해서는 몸에 침입하지 못합니다. 대신 비말(飛沫 침방울)을 통해 전파되기 때문에 코와 입을 막는 것만으로 충분합니다. 즉, 코로나 바이러스가 침 등에 섞여서 전파되기 때문에 상대방과의 거리만 일정하게 두면 감염 위험이 거의 없습니다.

지금은 먼 옛날처럼 생각되지만 마스크 사재기와 마스크 대란이 일어났던 것을 보면 사람의 불안 심리를 막기 힘들다는 것을 알 수 있습니다. 마스크를 착용하지 않으면 어떻게 될지 알 수 없다는 불안감이 들 수밖에 없습니다. 눈에도 보이지 않는 바이러스니 말입니다. 마스크를 착용하고 있는 한 안전할 거라고 생각하는 것은 모든 사람이 나를 공격할 수도 있다고 불안해 하는 것의 다른 면입니다. 당연합니다. 마스크를 쓰지 않고 돌아다니거나 나에게 가까이 다가오면 위협을 느낄 수밖에 없습니다. 마스크를 착용하는 것은 나를 보호하기 위해서이기도 하지만 내 주위에 있는 이들에게 안심을 주기 위해서 취하는 몸짓입니다. '나는 당신에게 위험한 존재가 아니다'라는 사인을 보내는 것입니다. 물론, 코로나19 감염이 의심되는 사람이나 가족들, 그리고 의료진들은 마스크를 반드시 착용해야 합니다.

코로나19의 지역사회 감염이 광범위하게 이루어질 때 '사회적 거리두기' 운동이 시작되었습니다. 코로나19의 확산이 정점에 이를 것 같아 '사회적 거리두기'를 하자는 것이었습니다. 〈사회적 거리두기를 위한 2주간의 '잠시 멈춤' 캠페인〉이라는

코로나 예배 전쟁

포스터가 곳곳에 붙기 시작했습니다. 그동안 우리는 다른 사람들과의 거리를 두지 않고 막 섞이고 뒹구든 것을 좋아했는데 이제는 그게 큰 위험이 된다고 판단한 것입니다. 2주 동안 다른 사람들과의 접촉을 최소화하자는 것이 너무나 순진한 생각이었습니다. 많은 사람들이 모여 있는 곳에는 가지 말자는 운동이었습니다. 그런데 이게 거꾸로 압력이 되었습니다. 누군가 나서서 사람들을 모으는 행위나 각종 모임을 폐지하라고 압력을 가합니다. 교회의 예배가 그 주된 대상이 되었습니다.

얼마나 거리를 두어야 할까요? 기침이나 재채기를 하는 사람이 있다면 적어도 1미터 이상 떨어져 있어야 한다고 합니다. 언론사에서는 기자들에게 2m 간격으로 떨어져서 이야기하라고 보도하면서도 정작 기자는 20cm 간격으로 앉아 있다고 합니다. 접촉만 하지 않으면 된다고 생각하는 모양입니다. 코로나19로 인해 친한 사람들끼리도 악수 대신 발을 부딪치거나 악수하는 흉내만 냅니다. 유럽이나 중동에서는 볼 키스나 코인사도 하지 않는답니다. 접촉 금지는 로마 가톨릭에도 큰 영향을 미치고 있답니다. 스페인에서는 부활절 주간에 신자들이 성모 마리아상의 손과 발에 입을 맞추는 전통을 금지하는 조처가 내려질 수 있다고 하고, 폴란드에서는 미사 중 영성체 의식 대신에 영적 성찬을 받는 것이 허용된다고 합니다. 교회를 출입할 때도 성수에 손을 담그지 않고 성호를 긋는 것으로 대신한다고 합니다.

평상시에 친밀한 관계에 있는 사람 사이의 거리는 얼마일까요? 40cm를 이른바 '친밀한 공간'(intimate space)이라고 부른다고 합니다. 120cm는 '비공식적인 사적인 공간'(informal personal space) 이라고 부르고 말입니다. 대부분의 사람들은 40cm와 120cm 사이에 있다는 말입니다. 그러니 우리는 아무 생각 없이 사람들에게 다가가기보다 이번 기회에 40cm와 120cm를 가늠할 수 있는 감각을 키우면 좋겠습니다. 예를 들어 목사는 심방이나 상담을 공적으로 하는 것이기 때문에 개인적인 친밀도를 자랑하기보다 120cm의 거리를 가져야 할 것입니다.

남들과 친하게 지내려고 하는 사람들은 40cm를 무시합니다. 친하지도 않은데 그냥 밀고 들어옵니다. 언제 봤다고 반말까지하면서 어깨도 걸칩니다. 서로를 알아가면서 거리를 조금씩 줄여야 하는데, 한꺼번에 밀고 들어오는 사람은 부담스러움을 넘어 불쾌하기까지 합니다. 나를 배려하지 않는다고 느끼니 말입니다. 거기에다 영화 기생충에서 적나라하게 보여주고 있듯이 이상한 냄새를 풍기면 기분이 확 잡칩니다. 예전에 유럽에 살면서 우리 아이들과 내가 늘 긴장했던 것이 바로 이 냄새였습니다. 내가 냄새를 풍기지 않는가를 늘 생각하면서 이웃에게 다가갔습니다. 그렇기 때문에 우리는 더더욱 거리가 필요합니다. 우리가 상대방에게 할 수 있는 가장 큰 배려는 적당한 거리를 두는 것입니다.

기독교인들이 거리 감각이 없는 경우가 많습니다. 같은 신앙을 가지고 있으니 상대방을 향해 밀고 들어가는 것을 당연하게 생각합니다. 말도 함부로 하고 말입니다. 그것이 그 사람을 위한 것이라고 생각합니다. 하지만, 거리는 시간과 반비례합니다. 알아가는 시간이 길어질수록 거리는 짧아집니다. 시간을 거스른 채 거리를 줄이려고 하는 것은 인내가 없는 것을 넘어서 너무나 무례한 것입니다. 그래서 『무례한 기독교인』이라는 책까지 나왔을 것입니다. 아예 거리가 없는 것처럼 동일시하면서 지나치게 개입하려는 것과 멀찍이 거리를 두고서 아예 관심을 꺼 버리는 것은 동전의 양면과 같습니다. 그리고 이 거리를 시간으로 바꾸면 너무 늦은 것과 너무 빠른 것 또한 동전의 양면과 같다고 해야 할 것입니다. 이제부터 우리는 무슨 문제이든지, 그리고 어떤 사람과의 관계이든지 좀 거리를 두고 지켜봐야겠습니다. 거리도, 시간도 한 순간에 해결되는 것이 아닙니다. 하나님도 우리를 향해 막무가내로 밀고 들어오지 않으십니다. 하나님은 오래 인내하시면서 우리를 향해 조금씩 다가오십니다.

온라인과 가상현실을 거부할 수 있을까요?

Q 03

코로나 시기에 온라인 업체들만 대박을 쳤을 것입니다. 이제는 어느 누구도 인공지능이 이끄는 온라인과 가상현실을 거부할 수 없을 것입니다. 교회도 온라인과 가상현실을 적극적으로 도입해야 합니다.

그런데 여기서 깊이 고민해 볼 지점이 있습니다. 먼저 고대교회 이야기를 해 보겠습니다. 고대 교회가 싸웠던 가장 큰 이단 중에 하나가 바로 '가현설'(假現說)이었습니다. 이들은 그리스도께서 가짜로 나타나셨다고 주장합니다. 이 가현설은 물질이 본래 악한 것이기 때문에 그리스도께서 물질적인 육체와 결합할 수 없고 그렇게 보일 뿐이었다고 하는 주장입니다. 헬라의 영육 이원론에 근거한 생각이었습니다. 그들은 인간 예수에게 그리스도가 임하여 역사하다가 십자가 지기 직전에 예수를 떠났다고 주장합니다. 그리스도가 떠났으니 십자가에 못 박혀 죽은 예수는 단지 인간 예수에 불과하다고 말입니다. 이 가현설이 고대 교회의 근간을 뒤흔들어 놓았기에, 교회는 '그리스도께서 육체로 오신 것을 시인하면 하나님께 속했고, 그렇지 않으면 적그리스도의 영이다'라고 단호하게 말했습니다(요일 1:1-2; 2:22-23; 4:2-3; 5:5-6). 가현설은 우리의 육체를 죄악된 것으로 보고 우리의 몸이 구원받는다는 것을 부인하기 때문입니다. 그러나 이 가현설과의 싸움은 고대 교회만의 문제가 아닙니다. 어느 시대의 교회든지 다양한 형태의 가현설과 싸우고 있습니다.

가상의 공간이 점차로 확대되는 오늘날의 모습

코로나19로 인해 주일과 예배의 모습이 급속도로 바뀌었습니다. 교회 내에서 여러 가지 논쟁이 벌어지고 있습니다. 온라인 예배에 대한 논쟁이 대표적입니다. 온라인 예배를 가상 현실이라고 부를 것까지는 없습니다. 목사가 혼자서 영상을 찍어서 전송하든지, 몇 사람이 예배하는 장면을 실시간으로 중계하든지 그것은 실제 상황을 전송하기 때문입니다. 지역사회 감염이 광범위하게 확산되고 있으므로, 온라인 예배는 개체 교회의 회중이 한 자리에서 함께 하지 않고 각자의 집에 흩어져 영상을 통해 참여합니다. 이제 교인들은 각 가정에서, 그리고 혼자서 영상으로 예배에 참여하는 것에 익숙해져 가고 있습니다. 즉, 교회가 이제 가상의 공간을 만들고 누리는 일에 합류한 것입니다.

가상의 공간이 왜 문제가 될까요? 그것은 현대 문화의 대표적인 모습이 아닌가요? 이제 사람들은 온라인 공간을 훨씬 더 편하게 생각합니다. 이제 몸소 일정 공간을 찾아가는 수고를 하지 않아도 됩니다. 힘들게 찾아가 사람을 만나 서로 마주 보면서 눈치를 보거나 얼굴 붉히지 않아도 됩니다. 화면이 싫으면 꺼 버리고 목소리만 들어도 됩니다. 온라인상으로도 얼마든지 함께 할 수 있고 하나 될 수 있습니다. 온라인 공간은 대면 문화와 달리 불필요한 감정 소모 없이 적당한 선을 놓고 하나됨을 경험할 수 있습니다. 내 쪽에서 얼마든지 조율할 수 있기 때문입니다. 내 기분에 맞추어 마우스나 스크린을 터치하여 얼마든지 단속할 수 있기 때문입니다. 온라인 공간은 오프라인 공간의 축소가 아니라 시공간의 제약을 무한정으로 확장시켜 준다는 것이 매력 포인트입니다.

코로나 사태가 예상외로 길어지면서, 각 교회는 온라인 예배부터 시작하여 온라인 콘텐츠를 개발하는 일에 박차를 가하고 있습니다. 아이러니하게도 이런 상황이 교회의 빈익빈 부익부 현상을 더 부추길 것입니다. 온라인 예배를 시행하고 송출할 시스템을 갖추지 못하는 교회는 어려움을 겪습니다. 또, 형식적으로 온라인 예배를 실시간 중계하는 경우, 참여하는 성도들의 열의도 식을 수 있습니다. 이에 반해 몇몇 교회 온라인 예배 접속자 수는 폭주했다고도 합니다. 의도하지 않았다고 하더라도 온라인 예배는 교회 경쟁과 교인 이동을 부추길 것입니다.

방송 시스템이 잘 갖추어진 교회들은 소수의 인원이 현장 예배를 하면서 그 예배를 실시간 송출하고, 대부분의 교인들은 온라인으로 예배에 참여합니다. 교회들은 이런 온라인 예배의 영상이 잘 나오도록 많은 경비를 들여서 기기를 마련하고 소위 말하는 예배 위원들을 투입합니다. 현장에서 예배하는 이들은 영상을 위해 존재한다고 할 수도 있습니다. 소위 말해서 화면빨이 잘 나오도록 하기 위해 모든 노력을 다 기울입니다. 아이러니하게도 온라인 예배 실황을 잘 만들면 만들수록 예배당에서의 예배를 대체한다고 느낄 것이기에 교인들로 하여금 예전의 예배 모습으로 돌아갈 여지를 없애는 것이 될 수 있습니다. 따라서 온라인 예배는 그것 자체가 온전한 예배인 것이 아니라 임시적이라는 것을 지속적으로 강조할 필요가 있습니다.

코로나로 인해 전 세계 교인들은 온라인 예배에 익숙해지고 있습니다. 아무리 임시적이라고 말을 해도 어느 순간 이것을 정상적인 것이라고 보기 시작할 것입니다. 어떤 교인들, 그리고 많은 청년들은 온라인 예배가 너무 편하고 익숙해져서 코로나 상황이 호전되어도 주일에 굳이 예배당에 가서 예배하지 않으려고 할 것입니다. 교인들은 나뉠 것입니다. 온라인 예배가 교인들을 시험하고 있다고 하면 너무 과격한 말일까요? 코로나가 재유행하고 장기간 예배당에서 예배하지 못할 상황이라면 어떻게 해야 할까요? 그때를 위해 온라인 예배나 온라인 프로그램을 강화해야 할까요? 컨택(con-tact)이 아니라 언택(un-tact)시대가 도래할테니 말입니다.

교인을 가상의 존재로 취급하지 말아야

기독교인들은 그리스도로 인해 이미 증강 현실을 경험한 사람이라고 보아야 할까요? 예배를 통해 늘 증강 현실을 경험하고 있다고 해야 할까요? 그렇다면, 온라인 예배가 무슨 문제가 된다는 말인가요? 온라인 예배는 아무리 직접성에 호소해도 간접적일 수밖에 없습니다. 온라인 공간에서 함께 모여 있는 경험을 하지만 도리어 가장 개인화되어 있고 현장성과 접촉성을 제한하고 있습니다. 왜 상상력이 부족하냐고 말할지 모르겠습니다. 왜 그렇게 육적인 것에 집착하냐고 말할지 모르겠습니다. 온라인과 영상은 굳이 상상이 필요한 것도 아니라고 말입니다. 몸은 떨어져 있지만 온라인으로 목사와 다른 성도들의 얼굴과 목소리를 생생하게 보고 듣고 있는데 말입니다. 사실, 대형 교회에서는 주일 예배에 참여해도 교인들과의 인격적인 접촉이 거의 없습니다. 전혀 모르는 이들과 함께 한 공간에 앉아 있기 때문입니다. 저 멀리에 있는 목사의 모습만 아스라이 보고, 한 장소에 있어도 화면으로만 목사를 보면서 예배합니다. 한 공간이 아니라 다른 층이나 다른 건물에 앉아서 화면으로 예배하기도 합니다. 온라인 예배와 별 차이가 없습니다. 현대 교회는 온라인 예배를 하기 이전에 이미 서로에게 가상의 존재였습니다. 이 가상의 존재가 가상의 공간으로 옮겨가고 있습니다.

다들 작금의 온라인 예배를 임시방편이라고 생각하지만, 일각에서는 지나친 주장을 하기도 합니다. 개인 혹은 가정에서 온라인으로 예배하고, 가정 경건회를 가지는 것이 주일에 예배당에 모여서 예배하는 것을 대체해야 한다고 생각하는 듯합니다. 지금까지 한국 교회가 교인들에게 주일에 예배당에 모여서 집단적으로 예배한 것을 신앙의 도리를 다한 것으로 생각하도록 만들었기 때문에 그것을 탈피할 때가 왔다는 것입니다. 이제는 집단적인 신앙생활에서 개별적이고 각성된 신앙생활을 하는 단계로 올라설 때가 되었다는 것입니다. 젖만 먹는 어린아이의 모습에서 딱딱한 것을 먹는 장성한 모습으로 자라야 할 때가 되었다는 것입니다. 그러나 이렇게 교인들을 개인주의적으로 생각하는 것이야말로 가상의 존재로 취급하는 것이 아닐까요? 교인은 그냥 한 개인이 아니라 교회에 속한 사람인데 말입니다.

오프라인에서 예배할 때에도 교인을 가상의 존재로 취급할 가능성은 얼마든지 있습니다. 독일의 신학자 헬무트 틸리케는 가현설적인 설교를 말한 적이 있습니다. 가현설적인 설교란, 세상에서 유리된 어떤 인간, 상상 속에서 존재하는 인간, 현실에서 존재하지 않는 인간을 향해서 설교하는 것입니다. 틸리케는 목사가 네 이웃을 사랑하라고 설교하는 경우를 예로 듭니다. 목사가, 신자라면 누구든 예외없이 이웃을 위해 무조건 희생하라고 설교했습니다. 그런데 그 회중에 사업을 하는 사람이 있고, 사업을 하는 그 신자의 이웃 중에 사업상 서로 경쟁하는 사람이 있다면 그 사람을 어떻게 대해야 한다는 말입니까? 이웃을 사랑하라는 그 말은 사업을 하지 말라는 말과 다를 바가 없습니다. 이런 경우에 목사의 설교는 현실에 존재하는 인간이 아니라 진공 속에 존재하는 인간을 향한 설교입니다. 이렇게 목사가 설교하고 가르치고 상담하면서 교인을 가상의 존재로 취급하기 쉽습니다.

교인들이 서로를 가상의 존재로 대하는 경우도 많습니다. 아이러니하게도 교인들이 상대방을 개인주의적으로 대할 때 가상의 존재로 대하는 것입니다. 상대방의 형편을 동정하는 것이 도리어 그를 그리스도의 몸에서 은근슬쩍 밀어내는 것일 수 있습니다. 교인은 그냥 한 개인이 아니라 교회에 속한 사람이요, 서로에게 속해 있는데 말입니다. 온라인 예배가 계속되고 있는 이때 우리는 더더욱 그리스도의 몸에 속해 있다는 것을 더 절실하게 느끼는 시간들이 되어야 하겠습니다. 교회는 '하나님의 백성들의 공동체'입니다. 교회는 하나님의 백성이요, 그리스도의 몸이요, 성령의 집입니다. 기독교인은 홀로 구원을 이룰 수 없고, 홀로 살아갈 수 없습니다. 그런데 우리는 어떻게 해서든 홀로 구원을 이루고, 홀로 살아가려고 합니다. 코로나19가 사람을 덮친 이유가 바로 여기에 있습니다. 우리가 홀로 살아가려고 했기 때문에 코로나19가 덮쳤습니다. 홀로 구원을 이루고 홀로 살아가려고 할 때 우리는 진정한 인간이 되는 것이 아니라 교회에 속하지도 않고 이 세상에서 실존하지도 않는 가상의 존재가 됩니다.

성례야말로 가현설을 떨쳐버릴 수 있는 방편

코로나 와중에 부활절이 있었기 때문에 온라인 성찬에 대한 논쟁이 뜨거웠습니다. 코로나19로 인한 비상시국이라 함께 모일 수 없어서 온라인 성찬을 고려하고 있는데, 이것이 무슨 문제가 되는 걸까요? 목사가 집례하지 않으면 예배가 아니고, 목사가 그 손으로 친히 떡과 잔을 떼고 부어서 나누어 주지 않으면 성찬이 아니라고 할 때, 목사는 로마 가톨릭의 사제가 되는 것이며 성찬의 요소가 그리스도의 살과 피로 바뀐다고 하는 화체설이 되는 것입니다. 이렇게 목사가 성직자라고 생각하고 예배당이 성전이라고 주장하는 이들이 여전히 있습니다. 하지만 문제는 훨씬 더 깊은 곳에 있습니다. 그것은 목사와 회중의 관계를 넘어 신자이면서 동시에 사람인 우리 자신이 어떤 존재냐 하는 것입니다.

온라인 성찬은 목사가 성찬 집례하는 장면을 각 가정에서 보면서 따라 하는 것입니다. 하지만 회중이 한 공간에서 함께 모이지 못했다는 것은 부인할 수 없는 사실입니다. 아무리 가상의 공간에 모였다고 하더라도 말입니다. 온라인상으로 생생하게 목소리도 듣고, 활동하는 장면도 볼 수 있는데 그게 무슨 말이냐고 할 것입니다. 한국 교회에서는 지교회라는 개념이 있어서, 모교회에서는 예배 실황 중계를 보면서 예배하기도 했기에 이런 모습이 그다지 어색하지 않을지도 모르겠습니다. 심지어 목사가 사망한 이후에도 교인들이 모여서 사망한 목사의 영상을 틀어놓고 예배하는 경우마저 있었으니 말입니다.

그러나 이런 것이 아무리 신앙 열심을 포장하고 있다 하더라도 가현설과 크게 다르지 않습니다. 믿음이 거리를 극복할 수 있는 힘이기는 하지만 몸이 부딪히면서 인격적으로 교류하는 것을 무시하는 것은 그리스도께서 육체로 오신 것을 부인하는 것만큼이나 불신의 행위입니다.

세례식과 성찬식에서는 요소인 물질(세례식의 경우에는 물, 성찬식의 경우에는 떡과 잔)이 거기에 있습니다. 바로 그 자리에 회중도 물질과 다를 바 없이 한 공간을 차지하고 있습니다. 우리는 그 물질을 통해 그리스도를 볼 수 있고 맛까지 볼 수 있습니다. 평상시의 식사와 달리 우리는 성찬상에서 그 요소가 하나도 바뀌지 않더라도 완전히 바뀐 것을 먹고 마십니다. 이때 우리가 믿음을 사용하여 가상적인 것을 누리는 게 아닙니다. 우리는 그 상에 실제적으로 임재해 계신 그리스도를 먹고 마십니다. 우리의 몸이 물질을 통해 그리스도를 생생하게 보고 누립니다. 성찬상에 우리의 몸이 참여하는 것이야말로 가현설을 떨쳐버릴 수 있는 생생한 은혜의 방편입니다. 이렇게 생생한 은혜의 방편을 교인들이 떨어져 있는 상태에서 온라인으로 굳이 시행할 필요가 있을까요?(고전 11:18) 몸들이 함께 모이지 않는데 함께 먹고 마셨다고 하면 그것은 가현설에 가깝습니다. 이것은 개인주의적인 신앙생활을 부추길 가능성이 큽니다.

혈과 육을 가진 인간을 향해서 말하고 다가가야

이번 코로나19 사태는 우리에게 많은 것을 말하고 있습니다. 바이러스를 생각해 봅시다. 바이러스는 물성을 가지고 있기에 몸을 가진 사람을 공격합니다. 바이러스는 몸을 공격하고 들어와 자리를 잡고 앉습니다. 바이러스는 사람을 평등하게 대한다고 하지만 가상의 사람을 공격하는 것이 아닙니다. 바이러스로 사회적 거리두기마저 할 여유가 없는 이들, 가난하고 소외된 이들이 더 크게 고통받고 죽음에 내몰립니다. 코로나19 사태는 사람이란 가상의 존재가 아니라 살이 찢겨나가고 피를 줄줄 흘리는 육적인 존재라는 사실을 분명하게 보여주고 있습니다. 코로나는 이렇게 사람이 육적인 존재라는 것을 생생하게 느끼도록 해 줍니다. 그런데 우리의 반응은 너무나 영적입니다. 사람이 특정한 공간에서 몸이 부딪치지 않고도 가상의 공간에서 안전하게 존재할 수 있다고 생각합니다.

우리가 함께 모이지 못하는 날들이 길어지고 있어서 참으로 안타깝게 생각합니다. 그런데 우리는 적당하게 거리를 두고 서로 떨어져 있는 것에도 익숙해져 가고 있습니다. 앞으로는 사람들이 거리 좁히는 것을 힘들어할 뿐만 아니라 거리두기를 안 하는 이들에게 신경질적인 반응을 보일 것입니다. 그렇기 때문에 더더욱 우리는 속히 주일에 예배당에 모여 함께 예배하고 교제하는 날이 오기를 바랍니다. 삶의 예배라는 것이 공예배를 대체할 수 없고, 그 정반대도 마찬가지입니다. 우리의 삶 자체가 예배이기에 시간과 장소에 얽매이지 않아야 영적인 예배를 할 수 있다고 말하는 것은 너무나 무책임한 주장입니다. 무책임을 넘어서 사람을 가상의 존재로 취급하는 주장입니다.

가현설이 바로, 물질은 무시하면서 영적인 것을 추구하는 경향성이었습니다. 사람은 영적인 존재이면서 동시에 물질적인 존재입니다. 물질적인 것을 무시하는 그 어떤 것도 영적일 수가 없습니다.

오프라인으로 모이기만 하면 가상을 극복하고 실상이 되는 것은 아닙니다. 그동안 우리가 늘 오프라인으로 모여 예배한 것은 살아 계신 하나님을 섬긴 것이 아니라 가상의 신, 즉 우상을 섬긴 것인지도 모릅니다. 그래서 구약 시대이기는 하지만 하나님께서는 누군가가 나서서 성전문을 닫아 걸어 버렸으면 좋겠다고 하지 않으셨습니까? 하나님의 백성들이 성전을 뻔질 대며 들고났지만 사실은 가상의 공간에 나아가서, 가상의 신을 섬겼기 때문입니다. 이스라엘은 자기들이 원하는 것을 즉각적으로 들어주는 자판기와 같은 신을 섬겼습니다.

우리는 신앙을 구체적이고 실제적인 것으로 만들어야 한다고 말하면서, 도리어 교인과 신앙생활을 개인주의화하거나 추상화하곤 합니다. 혹 가상의 공간이 필요할는지 모르겠지만 신자를 가상의 존재로, 교회를 가상의 몸으로 대해서는 안 됩니다. 신자가 몸으로 하는 것이 분명한 실상이요, 회중이 함께 모일 때(그것이 곧 예배이다) 그리스도의 몸이 비로소 이 세상에 뚜렷하게 드러납니다. 우리 신앙은 만지면서 하는 것이요, 우리는 그리스도의 몸에 속해서 구원을 이루어 갑니다. 그리스도의 몸에 속해서 서로에게 자신의 몸을 내어놓는 것이 신앙이요 구원입니다. 기독교인은 가상의 존재가 아니라 그리스도의 몸

에 속하여 하나됨을 생생하게 누리면서 이 세상에 나아가 부딪
치고 깨지면서 살아가는 생생한 존재입니다. 교회는 이 세상
과 사람을 가상의 공간과 존재로 생각하고 대하는 모든 것들과
싸워서 현실성과 물성을 확보해야 합니다.

사회적 돌봄이라는 말만 무성하지 않습니까?

Q 04

코로나 시기에 사회적 돌봄이라는 말이 유행하고 있는데, 말만 무성합니다. 정부에서도 내놓는 대책은 없고요. 전국민 재난지원금은 당연한데 기본소득과 같은 주제를 본격적으로 논의해야 하지 않을까요?

맞습니다. 코로나는 우리가 홀로 살아남을 수 없다는 것을 분명하게 보여주고 있습니다. 지적하셨듯이 코로나 시대에 '사회적 거리두기'라는 말이 유행했지만 동시에 '사회적 돌봄'이라는 말도 유행했습니다. 이 둘은 뗄래야 뗄 수 없이 연결되어 있습니다. 하나는 거리두기를 말하고 다른 하나는 돌봄을 말하고 있기에 서로 대립된 것처럼 보이지만 사실 이 둘은 동전의 양면과 같습니다. 거리두기를 하라는 것은 물리적인 거리를 두라는 것이고, 물리적인 거리를 두어서 멀어지라는 것이 아니라 물리적으로 거리가 멀어진 것만큼 반대로 서로를 돌아보아야 한다고 말해줍니다. 코로나는 우리가 결코 홀로 살아갈 수 없음을 보여주었기에, 이제는 사회적 돌봄이라는 말이 더 중요해졌습니다.

우리 사회의 약한 고리가 분명하게 드러났다

사회적 거리두기로 인해 가장 크게 성장한 업체가 택배 회사일 것입니다. 대부분의 사람들이 밖에 나가서 장을 보거나 식사하는 것을 꺼리고는 집으로 음식을 배달 받아서 먹거나, 식재료를 집으로 배달 받아서 요리해 먹는 것이 정착되었습니다. 바람직한 측면이 있음을 부인하지 않습니다. 하지만 이런 배달 문화는 우리 사회에 더 큰 문제점을 드러내었습니다. 택배 회사 직원들이 과로사하거나 급사하는 일이 늘어나고 있습니다. 얼마나 많은 물량을 하루에 배달해야 하는지 새벽에 일어나서 새벽에 집으로 들어갈 수밖에 없는 상황이라고 합니다. 여기에다가 택배 기사들이 택배 물건들을 분류하는 작업까지 해야 한다는 것입니다. 우리는 우리가 값싸게 구입하고 배달료마저도 깎으려고 할 때 노동자들이 죽어가고 있다는 것을 알아야 합니다.

참으로 아이러니하게도 코로나는 지능이 없는데 우리 사회의 가장 약한 곳이 어디인지를 정확하게 알고 공격하고 있습니다. 코로나는 어느 누구도 들여다보려고 하지 않았던 우리 사회의 약한 고리들을 분명하게 드러내어 보여주고 있습니다. 콜센터와 택배 회사, 그리고 요양원을 중심으로 코로나 집단 감염이 이루어졌다는 것이 무엇을 말하고 있는지 우리는 냉철하게 돌아보아야 합니다. 우리가 너무나 편하게, 게다가 값싼 가격으로 누리고 있는 것들이 바로 이런 열악한 곳에서 노동하는 이들의 핏값이라는 것을 알아야겠습니다. 하나님께서 우리에게 그들의 핏값을 찾으시지 않을까요? 코로나는 그동안 우리가 애써 숨겨놓았던 이런 약한 고리들을 수면 위로 분명하게 드러내어 주었습니다. 그런데 우리는 그것을 여전히 외면하고 있습니다. 너무나 값비싼 대가를 치르고도 우리는 계속해서 조금이라도 손해보려고 하지 않습니다.

위기는 기회라는 말을 이상하게 이용하는 이들이 있습니다. 그래서 그들은 한편으로 양극화를 부추기고 있습니다. 코로나는 어떤 이들에게 큰 기회가 되고 있습니다. 하지만 코로나는 우리가 홀로 살아갈 수 없다는 것을 분명하게 각인시키고 있습니다. 코로나가 준 두려움 때문에 나 혼자라도 살아남아야겠다는 생각을 할 수도 있지만, 나 혼자만 살아남을 수 있는 것이 아니구나 하는 것을 느끼게 됩니다. 다른 이들이 감염되지 않아야 나도 좀 더 안전할 수 있다는 것을 알게 해 주었습니다. 다른 이들이 조금이라도 더 나은 환경이 되어야 나도 조금 더 안전할 수 있음을 알게 되었습니다.

학교의 돌봄 역할을 비로소 깨닫다

코로나는 학교생활도 엄청나게 변화시켜 놓았다. 어떤 잡지사가 주최한 〈인공지능과 교육〉이라는 주제의 세미나는 코로나 시대에 교육 불평등이 심화되고 있는 상황에 인공지능이 그 불평등을 해소할 수 있는 기회를 제공할 수 있는지를 논의했습니다. 교육부 장관은 이 세미나를 축하하는 말에서 미래 교육의 방향에 대해 언급하면서, 올해 4월 9일이 너무나 중요한데, 이 날은 대한민국 역사상 최초로 전국 초중고등학교가 일제히 온라인 개학을 실시한 날이라고 언급했습니다. 이런 변화가 앞으로 어떻게 발전할지 걱정이 되면서도 인공지능이 우리 아이들에게 맞춤형 교육을 도입하는데 도움을 주기를 바란다고 말했습니다.

많은 교사들과 전문가들은 전혀 예상하지 못했던 상황에서 시작된 이런 온라인 수업이 교사들과 학부모, 그리고 학생들의 모습을 크게 바꾸고 있다고 말합니다. 교사들은 온라인 수업을 위해 고군분투하고 있지만 마음 한쪽에서는 학생들을 만나지 못하는 상황에서 도대체 교사가 무엇을 위해 존재하는지 고민하고 있습니다. 이런 온라인 수업이 학생들의 학력을 더 크게 벌려 놓고 있기도 합니다. 학생들은 교사가 필요하기보다 다른 학생들이 더 필요하다고 느낄 것입니다. 학교 교육이 무너지면서 학원에 더 의지하게 된 것이 부정적인 것이기는 하지만 말입니다.

온라인 개학과 온라인 교육은 부모들에게 더 큰 변화를 일으켰습니다. 부모들은 학교가 학업을 하는 장소만이 아니라 돌봄 교실이라는 것을 절실하게 깨달았을 것입니다. 코로나가 학교의 역할에 대한 인식의 전환을 가져왔습니다. 자녀들을 위해 집에서 꼬박 꼬박 3끼를 만들어 내야 하는 것부터 시작해서 부모는 하루 종일 자녀들을 돌봐야 했습니다. 하루 종일 집에서 함께 있어야 하니 부모는 자녀들과 다투고 그들을 미워하기도 합니다. 이제 부모들은 학교가 공부하는 곳이라는 생각에서 돌보는 곳이라는 생각으로 급속히 바뀌어 가고 있을 것입니다. 아직도 학교와 학원이 크게 다르지 않다고 생각하는 부모들도 많겠지만 학교가 학원과 얼마나 다른 곳인지 비로소 알아가고 있는 셈입니다. 코로나가 학교란 어떤 곳인지를 제대로 알려준 셈이니 코로나에게 감사해야 할지도 모르겠습니다.

직분자의 심방이 사회적 돌봄으로까지 이어져야

코로나 바이러스는 '사회'라는 단어와 '돌봄'이라는 단어를 우리 눈 앞에 들이밀었습니다. 사람이 사회적 존재라는 것과 사회에서 함께 살아가기 위해 돌봄이 필요하다는 것을 가르치고 있습니다. 하나님께서 제일 잘 하시는 것 중에 하나가 바로 돌봄인데, 성경에서 '돌아본다'로 번역되어 있는 단어는 '심방'이라는 말로 바꾸어 쓸 수 있습니다. 하나님은 자기 백성의 고통을 외면하지 않고 돌아보십니다(출 1:25; 3:7,16; 4:31; 눅 1:25). 하나님께서 자기 백성을 심방하시듯이 교회는 직분자를 세워서 성도들의 형편을 돌아보십니다. 따라서 직분자들은 다름 아닌 돌아보는 자들, 즉 심방하는 자들입니다.

목사의 심방이 있고, 장로의 심방이 있고, 집사(권사)의 심방이 있습니다. 목사는 말씀으로 심방합니다. 목사가 해야 하는 가장 중요한 심방은 하나님께서 자기 백성에게 다가오셔서 말씀해 주시듯이 하나님의 입이 되는 것입니다. 그리고 장로는 다스림으로 심방합니다. 장로는 다스리는 자인데, 다스림의 구체적인 방편이 바로 심방입니다. 장로는 하나님의 능력 있는 손이 되어 성도의 가정을 심방하면서 하나님께서 주신 말씀대로 살아가는지를 확인하고 돌아봅니다. 이 장로의 심방이 이 세상을 변화시킬 수 있는 가장 강력한 힘이 됩니다. 또한 집사(권사)는 긍휼로 심방합니다. 집사는 하나님의 심장이라고 말할 수 있습니다. 집사는 성도들의 아주 구체적인 상황까지 헤아리기 위해 심방합니다. 성도들의 경제적인 곤란도 파악하여 교회가 꼭 필요한 돌봄을 제공하도록 요청합니다. 집사는 경제적인 것만이 아니라 정서적인 돌봄, 육체적인 돌봄, 사회적인 돌봄도 베풉니다. 코로나 시대에 집사들의 돌봄과 심방이 더 크게 요청됩니다.

코로나 시대에 심방의 수요가 엄청나게 늘었다고 볼 수 있습니다. 코로나 시대에는 심방하는 사람이 많이 필요합니다. 코로나 시대에 교회에서 가장 활성화되어야 할 것이 바로 심방입니다. 교인들은 직분자들의 심방을 통해 하나님께서 친히 자기들을 돌보시고 심방하신다는 것을 경험하게 될 것입니다. 코로나로 인해 가정을 방문하는 심방이 불가능하게 되었지만 교회는 다양한 방식으로 심방이 이루어져야 합니다. 직분자가 심방을 잘 할 때에 교인들도 그것을 본받아 서로 심방하게 될 것입니다. 기독교인의 특징은 하나님을 닮아 서로 돌아보는 것입니다. 기독교인은 서로 돌아보아야 합니다. 이제부터라도 우리는 돌아보는 일을 잘 해야 합니다. 믿음의 식구부터 먼저 돌아보고(갈 6:10; 살전 5:15) 그 다음으로 우리 주위의 이웃을 돌아보아야 합니다. 코로나는 우리에게 돌아보는 일이 너무나 중요하다는 것을 상기시키고 있습니다.

코로나가 부추긴 혐오를 극복할 수 있을까요?

어느 시대에나 거대한 재난 앞에서 사람은 혐오를 부추깁니다. 다른 사람을 지목하면서 자기는 빠져나가려고 하는 것이지요. 코로나도 예외가 아닙니다.

맞습니다. 코로나는 우리 사회의 민낯을, 우리 속에 있는 야만성을 고스란히 드러내었습니다. 우리 속에 있는 짐승은 결코 길들여지지 않았다는 것을 드러내었습니다. 그것이 바로 혐오 감정입니다. 코로나 시대에 엄청나게 늘어난 것이 각종 혐오입니다. 이곳 저곳에서 혐오를 부채질하고 있습니다. 중국에서 이 전염병이 시작되었기 때문에 유럽과 미국에서는 동양인에 대한 혐오가 기승을 부렸습니다. 한국에서는 더더욱 중국에 대한 혐오가 극심했는데, 왜 중국인들의 입국을 전면금지하지 않았냐고 지금까지 말합니다. 오로지 중국 탓이라는 겁니다. 지금까지 우한 폐렴이라고 부르는 이들이 있고 말입니다. 시작이 있기 때문에 이런 말을 할 수는 있습니다. 하지만 전염병이 도지거나 재난이 발생하면 사람의 타락한 본성은 희생양을 찾게 되어 있습니다. 문제는 나에게 있지 않고 오로지 나 밖의 어떤 대상에게 있습니다. 공격할 상대와 책임을 돌릴 집단을 정해 놓고 집단 린치를 가합니다. 그러면 나는 모든 책임으로부터 싹 벗어날 수 있고, 내가 당한 피해마저 보상받을 수 있다고 여깁니다. 이처럼 코로나의 가장 살벌한 풍경이 바로 이 혐오 정서입니다.

코로나는 엄청난 두려움을 불러 일으켰다

중세 시대에 흑사병이 발병했을 때 사람들은 그 원인이 무엇인지 몰라 극도의 두려움에 사로잡혔습니다. 의학 지식이 발전하지 못했기 때문입니다. 신앙의 힘으로 그 무서운 질병을 이겨보려고 했습니다. 전염병이 확산되어 흩어져야 할 때에 예배당에 옹기종기 모여 예배하면서 전염이 더 확산되었습니다. 전염을 부채질했습니다. 두려움은 정상적인 사고를 하지 못하게 할 뿐만 아니라 미신적인 생각에 사로잡히게 만듭니다. 이에 독일의 종교개혁자 루터는 교구민들에게 전염병이 일어나는 지역을 빨리 떠나라고 했습니다. 모여서 기도한다고 전염병이 없어지는 것이 아님을 알았기 때문입니다. 단, 목회자는 흑사병에 걸려서 죽어가는 이들을 돌봐야 한다고 권고했습니다. 자신이 흑사병에 걸려 죽을 수 있음에도 불구하고 환자들을 돌아보는 이들이 필요했기 때문입니다.

지금은 의학 기술의 발전으로 코로나 바이러스가 어떤 바이러스인지 대충은 알고 있습니다. 의학 기술은 코로나 바이러스의 유전자 구조와 염기 서열을 밝혀냈습니다. 하지만 코로나는 비웃듯이 변이를 계속 하고 있습니다. 그러므로 코로나 바이러스의 비밀을 완전히 풀었다고는 볼 수 없습니다. 사람들은 의학 기술이 코로나의 비밀을 밝혀낸다면 코로나를 퇴치할 수 있을 것이라고 생각했습니다. 그러나 여전히 당하는 것을 보고는 방역 당국와 의료진들의 노고에 감사하면서도 불안감은 더 가중될 수밖에 없습니다. 지역사회 감염이 광범위하게 이루어져 있기에 코로나가 언제 어디서 우리를 공격할지 모르기 때문입니다. 하지만 우리는 코로나에 대해 불안해 하기보다 우리 자신, 그리고 우리의 과학기술과 문화가 얼마나 공격적인지를 볼 수 있어야 합니다. 사실, 불안한 것은 바이러스가 아니라 우리 자신입니다.

코로나는 우리가 이루어 놓은 모든 자랑과 성취를 한순간에 무너뜨리고 있어 더 불안한 것이 사실입니다. 속수무책으로 당하고 있는 우리의 대응은 너무나 무기력하다는 것을 절감하고 있습니다. 불안은 무기력으로 진화하고 있습니다. 코로나로 인해 경험하는 우리의 불안과 무기력은 한편으로는 좋은 것입니다. 인간의 지나친 자신감과 교만이 코로나보다 더 치명적인 바이러스이기 때문입니다. 코로나는 앞으로 우리가 어떻게 살아야 할 것인지 고민하게 만들었다는 측면에서 나름의 유익을 주고 있습니다. 코로나로 인한 불안과 무기력이야말로 우리가 새롭게 일어설 수 있는 자양분이 될 것입니다.

재난은 언제든지 인종 차별과 민족주의 정서를 부추길 것이다

이제 불안에서 혐오로 넘어가 봅시다. 불안을 극복할 수 있는 제일 손쉬운 길이 혐오입니다. 무시무시한 전 지구적 전염병만이 아니라 각종 재난은 언제든지 혐오를 부추길 것입니다. 이번 코로나 바이러스는 서양이 동양에 대한 혐오를 부추기기에 좋았습니다. 바이러스가 발생한 곳이 어디냐 하는 것으로 혐오를 결정한다 것은 아이러니입니다. 세계가 지구촌이 되었다고 하지만 여전히 인종 차별은 계속되고 민족주의는 교묘하게 자양분을 공급받습니다. 이번의 바이러스가 유럽이나 미국에서 시작되었다면 어떻게 되었을까요? 그랬다면 그 곳 내에서 책임을 돌릴 이들을 지목했을 것입니다. 그리고 또 다시 혐오가 작동했을 것입니다. 우리가 잘 알고 있듯이 정치와 언론조차도 자신들의 유익을 위해 혐오를 부추깁니다. 불안으로 인한 차별과 배제는 사소한 것이라고 할 수 있지만, 혐오로 인한 차별과 배제는 아주 심각한 결과를 야기합니다. 이것은 성경에서 기록하고 있듯이 지옥에서부터 올라오는 것이라고 할 수 있습니다. 보이지 않는 바이러스와의 전쟁을 치룬다고 하면서 공격 대상이 이제는 보이는 사람들과의 전쟁으로 넘어가기 때문입니다.

혐오 정서는 외국인이나 타 인종을 향해서만 발산되는 것이 아닙니다. 혐오 정서는 지역 내에서도 일어납니다. 부산의 한

동에서 집단 감염이 발생하자 전국에서 동 단위 처음으로 그곳이 코로나 특별 방역 구역으로 지정됐고, 이것이 자연스럽게 '코로나 동네'라는 낙인을 찍는 결과가 되었다고 합니다. 행정 당국에서는 그 동에 대해 전국 최초로 맞춤형 핀셋 대책을 세웠다고 자랑했는지 모르겠는데 이런 과도한 행정 조치가 도리어 더 배제와 혐오를 부추기는 상황이 되었습니다. 바로 옆동에서는 '00동 주민 출입 제한합니다. 만약 출입하였을 경우 구상권 청구합니다'라는 안내문을 내건 가게마저 생겼습니다. '코로나와의 전쟁'이라는 과격한 표현, 코로나와 일전을 벌이고 있다는 생각이 코로나를 제거해야 할 대상으로 보게 만들었을 뿐만 아니라, 코로나에 감염된 사람들을 − 제거해야 할 대상은 아니겠지만 − 혐오의 대상으로 만들고 있습니다.

코로나 바이러스가 빈부와 인종을 차별한다는 말이 있습니다. 가난한 사람과 흑인, 심지어 여성과 노인을 골라서 침투하기 때문입니다. 바이러스는 우리 사회의 계급과 위계 구조를 정확하게 드러내었습니다. 이것은 미국만의 문제가 아니라 전 세계의 문제입니다. 바이러스는 의도가 전혀 없었습니다. 의도를 가지고 차별하고 배제하고 혐오하던 존재는 우리 사람입니다. 서양에서 아시아 혐오가 퍼져가고 있는 것을 막을 수 있을까요? 코로나 바이러스는 우리가 배제하고 차별했던 이들을 기어코 찾아 내어 우리에게 들이밀었습니다. 따라서 코로나 바이러스는 우리가 차별과 배제로부터 결별할 절호의 기회입니다. 기후 위기가 그나마 바이러스 팬데믹보다 더 심각한 마

51

지막 위기이겠지만, 우리는 이번이 마지막 기회라고 생각하면서 단호히 과거와 결별하는 용기를 발휘해야만 합니다. 이제는 코로나 이전으로 돌아갈 수 없다고 말하기보다 이제는 코로나 이전으로 돌아가지 않겠다고 결심해야 합니다. 우리는 혐오의 감정에 결코 굴복해서는 안 됩니다. 아무리 자격이 없고 볼품없는 타인이라고 할지라도 그들을 향한 혐오는 결국 자신을 향한 혐오와 다르지 않기 때문입니다.

우리는 서로 협력해야만 살아날 수 있다

코로나가 우리 정통 기독교를 아프게 하는 부분이 있었습니다. 벌써 오래 전의 일처럼 느껴지지만 바로 '신천지'의 문제입니다. 신천지교회에서 확진자가 무수하게 나온 것은 그들의 예배 형태에서 기인하기도 하지만 그 곳에 청년들이 많았다는 것에도 원인이 있습니다. 코로나는 우리 개신교회의 한 고리인 청년들을 드러내 주었습니다. 이들 청년들은 대부분 너무 가난했고 그렇기 때문에 너무나 멀쩡한 이들이었습니다. 그들은 우리 사회에서 아무런 일자리나 희망이 없어 신천지에 빠졌고, 서로 의지가 되기에 옹기종기 모여 살았습니다. 신천지가 너무나 교묘하게 청년들을 미혹하고 그들을 착취한 것은 분노할 수밖에 없지만, 그 청년들이 신천지에서 행복했다고 말하는 것에는 아연실색할 수밖에 없었습니다. 그리고 코로나 상황에서 벌어진 이 신천지 집단 감염이 우리를 아프게 한다고 말했지만 사실, 우리는 신천지의 대 사기극을 하나님께서 드디어 심판하신 것이라고 말하면서 그들을 혐오했습니다.

바이러스는 차별과 배제가 작동하는 있는 우리의 현실을 분명하게 드러내어 주었지만 분명하게 드러내어 준 다른 한 가지가 있습니다. 그것은 이 세상이 하나라는 사실입니다. 이 하나됨은 희망 사항에 불과한 것이 아니라 차별과 배제보다 더 분명한 현실입니다. 이 세상은 결코 하나될 수 없음에도 불구하고 하나일 수밖에 없습니다. 재난의 때에 혐오는 문제 해결책이 될 수 없습니다. 혐오로는 바이러스를 포함하여 그 어떤 재난도 이길 수 없습니다. 좀 이상한 이야기일지 모르겠지만, 우리는 바이러스도 혐오해서는 안 됩니다. 우리는 재난과 바이러스를 이겨야 한다는 생각을 버려야 합니다. 우리는 바이러스를 포함하여 재난을 적이 아니라 친구로 맞아들여야 합니다. 우리가 스스로 자초한 것이기 때문에 우리가 더 겸손해져야 합니다. 그리고 무조건 빨리 이 재난을 극복하려고만 하기보다 그것을 허용하신 하나님의 음성을 들어야 합니다. 이런 재난은 언제든지 다시 찾아올 것이기에 특정 개인을 혐오하고 특정 집단을 배제하는 태도를 버리지 않고서는 그 혐오와 배제의 정서가 가장 큰 재난이 될 것입니다.

코로나 시대에 교회가 더 분명하게 부각될 수 있는 기회입니다. 어느 누구도 배제하거나 혐오하지 않는 것을 통해서 말입니다. 기독교는 환대의 종교이기 때문입니다. 기독교는 나그네를 환대하는 종교입니다. 이방인들을 환대하는 종교입니다. 이것은 구약의 유대교도 마찬가지였습니다. 하나님께서 출애굽한 이스라엘 백성에게 말씀하셨습니다. 이스라엘은 고아와 과부를 환대해야 한다고 하셨습니다(신 24:20-21; 렘 7:6; 겔 22:7; 슥 7:10; 약 1:27). 너희들이 애굽에서 고난당하며 나그네로 살았기 때문이라고 하셨습니다. 심지어 이방인들도 환대하라고 하셨습니다. 너희들이 애굽에서 이방인으로 살았기 때문이라고 하셨습니다. 이것이 기독교의 정신으로 자연스럽게 자리 잡았습니다. 하나님께서 이방인들을 부르셔서 자기 백성으로 삼으셨습니다. 기독교인들은 자신들이 하나님의 자녀이지만 '입양된 자녀'라는 것을 잊지 말아야 합니다. 그러니 이제 우리가 먼저 연대를 실천해야겠습니다. 우리의 이웃을, 그리고 동물과 바이러스까지도 혐오와 증오가 아닌 호의와 환대로 대해야겠습니다.

예배를 전쟁이라고 생각해도 되는 것입니까?

Q 06

**개신교회는 영적전쟁이라는 표현을 많이 사용합니다. 코로나 시기
에 예배가 방해를 받으면서 예배전쟁이라는 말도 등장했습니다. 과
연 예배를 전쟁처럼 생각해도 되는 것인가요?**

사회적 거리두기가 강화되면서 대면예배를 할 수 없게 되자 한
국 교회는 방역당국과 투쟁하기 시작했습니다. 작년 고신 총회
에서도 예배를 금지한 방역당국 조처에 대해 헌법소원을 내자
는 헌의안이 발의되었고 통과되었을 뿐만 아니라, 개신교 각 교
단마다, 그리고 한교총(한국 교회 총연합회)에서도 정부를 향해 예
배하게 해 달라고 적극적으로 건의해 왔습니다. 예배하지 못하
도록 막는 것은 종교의 자유 및 예배의 자유를 억압하는 것이기
때문에 이를 철회해 달라는 요청도 줄을 이었습니다. 우리 사회
의 다른 기관이나 업체들과의 형평성도 문제가 된다고 항의했

습니다. 종교 중에서도 유독 개신교회에 과도한 조치를 취하는 것이 아니냐고도 말했습니다. 이런 조치는 정치가 깊이 개입된 것이 아니냐는 의구심이 자리잡고 있었기 때문입니다. 사실, 역사적으로 모든 종류의 감염병에 대한 방역은 정치일 수밖에 없습니다. 어떤 방향과 어떤 수준으로 방역을 할 것인가는 정치의 문제이기 때문입니다. 방역에 관련된 전문가들, 일반 국민들의 믿음을 담보로 해서 협력을 얻어내는 것도 정치적인 역량에 달렸습니다. 우리가 방역당국에게 지혜를 달라고 기도해야 하는 이유가 여기에 있습니다.

방역당국이 사회적 거리두기를 획일적으로 적용하여 교회 규모에 관계없이 우리는 1년 가까이 공예배를 제대로 하지 못했습니다. 지금까지 예배하던 공예배의 형태를 비상 시기에 바꿀 수 있기는 하지만 그것은 임시방편이기 때문에 개신교회가 큰 고통을 겪고 있습니다. 따라서 식당이나 편의 시설, 대중교통과 같은 수준으로 제한을 받게 해 달라고 주장하는 것이 그렇게 무리한 것은 아니라고 봅니다. 그런데 참으로 곤란한 것은 방역 지침을 제대로 지키지 않은 교회 예배당에서 확진 환자가 계속해서 나오고 있고, 또한 대형 감염원이 된 곳들이 공교롭게 기독교와 관련이 있는 단체들이었다는 사실입니다. 코로나 제1차 대유행기에는 신천지가 그랬고, 제2차 대유행때는 광화문 집회가 그랬고, 제3차 대유행기에는 BTJ열방센터(인터콥)이 주도했다고 해도 과언이 아닙니다. 그렇기 때문에 우리는 다소 억울하다는 생각이 들더라도, 아니 함께 모여 예배하지 못하는 안타까움이 너무 크다고 하더라도 좀 더 인내하며 새로운 방식의 예배를 해야 합니다. 그것이 임시적인 것이지만 말입니다.

　방역당국이 예배를 금지시킨 것은 헌법에 보장된 종교의 자유, 신앙의 자유를 억압하는 것일까요? 우리는 현 방역당국이 교회를 핍박하고, 교회를 폐쇄하려고 한다는 표현을 조심해야 합니다. 물론 현 정권과 방역당국자들 중에 기독교인이 아닌 사람들이 있을 것입니다. 속으로 기독교를 무척이나 싫어하는 이들이 있을지 모릅니다. 하지만 그들이 방역 정책을 세우고 추진할 때 기독교를 말살하기 위해 한다고 생각하지는 않습니다. 그럴 수도 없고, 그렇지도 않을 것입니다. 우리가 과도한 음모론에 사로잡힌 것이 아닌지, 우리가 이곳 저곳 떠도는 거짓말에 너무 쉽게 사로잡힌 것이 아닌지 살펴야 합니다. 장로교회가 받아들인 웨스트민스터 신앙고백서(제23장3항)에는 국가 공직자가 모든 종교를 포함하여 교회에 대해 취해야 할 태도를 분명하게 밝히고 있습니다. "국가 공직자들은 믿음의 사안에 조금이라도 개입하여서는 안 된다… 주님의 교회를 보호하되 어떤 교파를 다른 교파보다 우대하지 않아야 하며 모든 교역자들이 폭력이나 위험에 처함이 없이 그들의 신성한 활동을 다 수행할 수 있는 온전하게 자유롭고 논란의 여지가 없는 자유를 누리게 해야 한다." 우리는 의료진을 포함한 방역당국이 이렇게 공직자의 일을 제대로 수행할 수 있도록 기도하고 협력해야 합니다.

코로나와 같은 비상시국 혹은 거의 전쟁에 준하는 시기에는 더더욱 교회의 발언과 행동을 하나됨에 저촉되지 않게 행해야 합니다. 사도신경에서 고백하고 있듯이 교회는 공교회로서 '보편성'이 있어야 하기 때문입니다. 이 보편성은 다른 말로 '동료애'라고도 볼 수 있는데, 교회는 사회속에 존재하기 때문에 사회적 동료애도 가져야 한다는 것입니다. 즉, 코로나 시기와 같은 비상시국에는 우리가 사회의 일원이라는 것을 잊지 말고 행동해야 합니다. 함께 고난당하고 있는 교회를 생각하면서 발언해야 하고, 함께 고통당하고 있는 사회의 구원성들을 생각하면서 행동해야 합니다. 특히, 교회는 하나님께서 출애굽한 이스라엘 자손들에게 '나그네와 고아와 과부를 돌아보라'고 하신 말씀을 항상 마음에 새겨야 합니다. 교회는 우리 사회의 가장 약한 이들의 입장에서 발언하고 행동해야 한다는 의미입니다. 교회는 가장 연약한 이들의 이웃이 되어야 하고, 그들을 우선적으로 돌아보아야 합니다. 우리 사회의 연약한 이들이 코로나로 인해 고통당하고 있는데 우리는 그런 연약한 이들의 입장에서 행동해야 합니다. 그들이 가게를 닫아야 하고, 업장이 폐쇄되고 있습니다. 사회가 교회를 원망하고 있다면 우리는 겸허하게 우리를 돌아보아야 합니다. 교회도 너무나 힘들지만 훨씬 더 연약하고 힘든 이들의 입장에서 행해야겠습니다. 누구든지 자기중심적일 수밖에 없지만 교회는 나 중심이 아닌 남 중심의 윤리를 가져야 합니다. 그것이 바로 십자가의 길입니다.

세상이 교회의 예배를 들여다보기 시작한 시점에, 우리는 제대로 예배하고 있다는 것을 보여줘야 합니다. 대면예배할 날을 하루라도 앞당기려는 것뿐만 아니라 우리가 서 있는 자리에서 즉시 삶으로 예배하는 것말입니다. 코로나로 인해 상가의 작은 공간에 세 들어 있는 교회들, 개척 교회들은 생존의 위기에 몰렸습니다. 교회가 공교회라고 고백한다면 우리는 서로를 돌아봐야 합니다. 그리고 교회가 주위에 있는 이웃들, 특히 자영업자, 중소업체들을 돌아봐야 합니다. 교회와 기독교인들이 나서야 하지 않겠습니까? 월세를 내지 못해서 당장 문을 닫아야 하는 가게들이 부지기수입니다. 그 가게나 업소가 문을 닫으면 한 가정이 무너집니다. 따라서 그 가게들이나 업소들이 문을 닫지 않도록 도와줘야 합니다. 지금 당장 먹을 것이 아니라도, 지금 당장 받아야 할 서비스가 아니라도, 지금 당장 해야 할 운동이 아니라도 앞으로 할 것을 미리 당겨서 지불하겠다고 할 수도 있습니다. 우리가 서로 신용을 주고 받아야 합니다. 그렇게 해서 한 가게라도 덜 문을 닫도록 도와준다면 우리 사회는 코로나에도 불구하고 다시 일어설 수 있을 것입니다.

다시 예배 전쟁의 문제로 돌아가 보자면, 우리는 차제에 우리의 예배를 재발견해야만 합니다. 우리가 그동안 해 왔던 예배가 과연 어떤 예배였는지를 돌아봐야 합니다. 천지의 주재이신 삼위 하나님을 섬긴 것이 아니라 돈과 성공, 우리의 욕망을 섬긴 것이 아닌지 냉정하게 평가해 봐야 합니다. 코로나가 물러가고 이대로 이전의 예배 모습으로 돌아가서는 안 됩니다. 이제는 세상이 교회의 예배를 주목하기 시작했습니다. '도대체 교회들이 어떻게 예배하고 있는지 한번 보자'라고 생각하기 시작했습니다. 예배당을 찾아가지 않더라도 예배 영상, 설교 영상을 찾아보기 시작할 것입니다. 종교들을 비교하기 시작할 것입니다. 사실, 이단을 제외하면 교회들은 숨김이 없습니다. 온라인이 활성화되면서 대부분의 예배 설교 영상을 유튜브에 그대로 올렸습니다. 누구든지 그 영상을 볼 수가 있습니다. 그렇기 때문에 더더욱 목사의 설교가 중요해졌습니다. 하지만, 어떤 설교 영상들은 낯뜨거워 볼 수 없을 정도입니다. 그렇다면, "교회의 수준이 저 정도 밖에 안 되구나"하는 말을 들을 수밖에 없을텐데, 이것은 교회의 무덤을 스스로 파는 것이 아니겠습니까? 그렇다고 숨길 필요는 없겠지만 이제부터는 오히려 영상 제작을 삼가야 하지 않을까요?

지금 이 시점에서 가정의 역할이 무엇보다 중요합니다. 원래부터 교회는 가정을 중심에 세워야 했지만 말입니다. 코로나 시대에 예배당에 모여서 공예배를 하지 못하기 때문에 가정의 역할이 중요해지기도 했습니다. 이제는 가정이 교회의 역할까지 해야 할 상황에 이르렀습니다. 1인 가구도 가정이라는 생각을 하는 것이 중요합니다. 하지만 현실은 정반대입니다. 코로나로 인해 1년 가까이 온 가족이 집에서 생활하면서 가정 불화나 어려움이 더 가중되고 있는 실정입니다. 사실, 그동안 교회가 교인들을 예배당에 모이도록만 했지 가정에서 어떻게 서로를 돌아보아야 할지, 그리고 사회에서 어떻게 살아야 할지를 제대로 가르치지 못했습니다. 우리 사회의 기초가 가정일진데, 교회의 기초도 개인이 아니라 가정일진데 우리는 가정을 무시했던 것을 회개해야 합니다. 남편과 아내의 관계, 부모와 자녀의 관계가 무너지고 있는데 개인적으로 아무리 신앙생활을 잘 한다고 하고, 사회에서 열심히 일한다고 하는 것이 무슨 소용이 있단 말입니까? 기독교인의 가정이 깨어지고, 무너지고 있는데 어떻게 우리 사회가 살아날 수 있겠습니까? 교회가 그동안 예배당 중심으로 열심 내었던 것을 가정 중심으로 되돌려놓지 않으면 우리 사회만이 아니라 교회의 쇠퇴는 돌이킬 수 없을 뿐만 아니라 더 가속화될 것입니다.

교회는 우리 사회를 떠나 별 세계에 존재하는 것이 아닙니다. 교회는 세상으로부터 부름받아 나온 이들이 모여 있는 곳이지만 이 세상에서 여전히 살아가고 끊임없이 세상으로 새롭게 들어가기 위해서 존재합니다. 즉, 교회는 세상을 위해 존재합니다. 따라서 교회는 세상 없이 존재할 수 없다고도 할 수 있습니다. 하나님께서 교회를 이 세상에 두셨기 때문입니다. 교회의 발언은 분명해야 하고, 그 발언은 복음이 무엇인지를 보여주는 것입니다. 교회의 발언이 따로 있고, 복음선포가 따로 있는 것이 아닙니다. 그렇기 때문에 교회는 세상을 향해 발언할 때 신중에 신중을 기울여야 합니다. 요즘 청년들이 교회를 너무나 많이 떠나고 있는데 그 이유가 무엇인지를 깊이 고민해야 합니다. 그것은 교회 문화가 청년들의 발언을 막을 뿐만 아니라 교회의 판단, 그리고 교회의 의사 결정이 합리적이지 못하고, 심지어는 상식적이지 못하다는 것을 그들이 느끼기 때문이 아닐까요? 교회에서의 세대 갈등이 사회에서의 세대 갈등보다 더 극심하진 않은지 돌아봐야 합니다. 현재와 같은 상황이라면 교회는 청년들을 결코 붙잡을 수 없습니다.

정작 우리가 해야 할 예배 전쟁이 있습니다. 적은 외부에 있는 것이 아니라 우리 내부에 있다는 말처럼 우리를 깊이 살펴야 합니다. "우리의 싸움은 혈과 육을 상대하는 것이 아니요 통치자들과 권세들과 이 어둠의 세상 주관자들과 하늘에 있는 악의 영들을 상대"하는 것이라는 말씀(엡 6:12)을 명심해야 합니다. 따라서 우리는 이슬람처럼 거룩한 전쟁을 선언하는 것이 아니라 우리 속에 있는 욕망과 싸워야 합니다. 십계명의 제2계명인 우상을 만들어서 섬기지 말라는 계명은 세상 사람들을 향해 하신 말씀이 아니라 하나님의 백성들을 향해 '너희들이 하나님을 섬긴다고 하면서 우상의 형태로 만들어서 섬기지 말라'고 하신 계명이라는 것을 알아야 합니다. 기독교인인 우리가 타종교인들이나 불신자들 이상으로 우상을 더 많이 만들어 섬길 수 있다는 사실입니다. 코로나가 언제까지 계속될지 알 수 없지만 정말 중요한 것은 우리가 대면예배만이 아니라 우리의 몸이 하나님께서 기뻐하시는 거룩한 산 제물이 되어야 하고, 이 세대를 본받지 말고 우리의 마음이 새로워져야 한다는 사실입니다(롬 12:1-2). 그것이 바로 하나님께서 기뻐하시는 합당한 예배입니다.

제2부

코로나와 목회, 묻고 답하다

말씀과 경건회가 왜 그렇게 유익한가요?

Q07

코로나 시기인데 좀 쉬어가도 되는데 말씀과 경건회를 유독 강조
하는 이유가 뭔지, 그것이 왜 그렇게 유익한지 말해 주셔야 따를 수
있겠죠?

답해 보겠습니다. 기독교인들은 하나님의 말씀을 먹고 삽니다.
신자에게는 일용할 양식과 같은 것이 하나님의 말씀입니다. 하
나님의 말씀이 아니고서는 우리가 살아갈 수 없습니다. 하나님
의 말씀이 아니고서는 우리가 우리 뜻대로 살 수밖에 없습니다.
물론, 하나님의 말씀인 성경을 잘 안다고 하더라도 자동적으로
하나님의 뜻대로 살아갈 수 있는 것은 아닙니다. 하지만, 성경
을 아예 모르는데도 하나님의 뜻대로 살 수 있다고 주장하는 것
은 어불성설입니다. 하나님의 말씀인 성경을 모르면 하나님의
뜻대로 살아갈 수가 없습니다. 그래서 우리는 성경을 알아야 합

니다.

어제 중고등부 친구들과 『세계 교회사 걷기』 책을 가지고 공부했었는데요. 취리히의 종교개혁자 츠빙글리는 에라스뮈스가 편집한 헬라어 신약 성경을 처음부터 끝까지 달달 외웠다고 합니다. 이것이 종교개혁의 동력이 되었습니다. 우리가 잘 알고 있듯이 독일의 종교개혁자 마틴 루터도 성경을 가르치면서 비로소 하나님의 뜻이 무엇인지를 알아가기 시작했습니다. 제네바의 종교개혁자 칼빈도 마찬가지입니다. 종교개혁자 치고 성경을 모른 사람이 없습니다. 개혁을 반대하는 사람치고 성경을 잘 안 사람이 없습니다. 성경의 가장 큰 유익은 하나님을 아는 것만이 아니라 나를 알기 시작하는 것입니다. 성경이 아니고서는 나 자신을 제대로 알 수 없습니다.

하나님께서 아무런 방편 없이 은혜를 무작위로 내려 주시는 것이 아닙니다. 하나님께서는 방편을 통해 은혜를 내려 주십니다. 그 방편이 바로 '말씀과 성례'라는 것을 안다면 우리는 더더욱 말씀의 중요성을 알 수 있습니다. 성례는 눈에 보이는 말씀이기 때문에 은혜의 방편은 하나라고 해도 무방합니다. 예배 안에서의 말씀은 설교입니다. 그래서 우리는 목사가 작성한 설교문을 가지고 읽으면서 경건회를 합니다. 성경 구절만 읽고 끝내는 것이 아니라 하나님께서 말씀의 사역자로 세워주신 목사가 말씀을 묵상하면서 작성한 설교문을 함께 읽고 나눕니다. 이것은 종교개혁의 신념이라고 말할 수 있고, 더 나아가 성경에서 말씀하는 것입니다. "하나님의 말씀의 설교는 하나님 말씀이다"(제2스위스 신앙고백서, 1566)라는 고백 말입니다. 이것은 목사의 설교를 우상화하는 것이 아닙니다. 말씀의 직분자를 통해 공적으로 선포해주시는 말씀이 너무나 귀중하다는 뜻입니다(살전 2:13).

아이러니하게도 코로나 사태로 인해 설교의 역할이 더 중요해졌습니다. 대부분의 교회들이 현장 예배와 온라인 예배를 병행하기 시작했는데, 많은 교인들이 집에서 좋은 설교를 찾기 시작했습니다. 수많은 교회에서 송출하는 온라인 예배를 찾아다니기 시작했습니다. 어떤 교회 온라인 예배는 접속이 폭주하고 있다고 합니다. 그 이유는 딱 하나입니다. 온라인 영상의 질 때문이 아닙니다. 그 온라인 영상 안에 담긴 예배 순서 때문도 아닙니다. 오직 하나, 설교 때문입니다. 우리 개신교회 예배는 설교에 집중되어 있다 보니 사람들은 설교 잘하는 목사를 찾습니다. 예전에도 그랬지만 이제는 더더욱 예배당을 찾아가지 않아도 집에서 리모콘을 돌려가면서, 마우스를 클릭해가면서 듣고 싶은 설교를 들으며 예배했다고 말할 수 있는 시대가 되었습니다.

설교는 복음 선포인데, 그 설교는 하늘에서 뚝 떨어지는 것이 아닙니다. 목사 개인의 경건의 결과물이 아닙니다. 이런 말이 어떻게 들릴지 모르겠지만 목사의 설교는 그 시대가 만들어낸다고 볼 수도 있습니다. 코로나 사태로 인해 목사들의 설교가 얼마나 많이 바뀌고 있는지 공감하실 겁니다. 당연합니다. 설교는 성경 본문들을 앵무새처럼 짜깁기하는 것이 아니라 한 본문을 가지고 해석하고는 그것을 우리의 삶에 적용하는 것이기 때문입니다. 그래서 시대적인 요구가 설교에 담길 수밖에 없습니다. 하지만 시대적인 요구가 성경을 해석하도록 해서는 안 됩니다. 목사 개인의 취향이나 정치적인 입장 등이 하나님의 말씀을 짓누르는 경우도 많아 주의를 기울여야 합니다.

설교자의 고민이 이것입니다. 성경 본문을 해석하는 것으로 끝내지 않고 이 말씀이 우리에게 어떤 요구를 하고 있는지를 보여줘야 하기 때문에 고민이 많이 됩니다. 설교는 특정 성경 본문이 과거에 있었던 역사일 뿐만 아니라 지금도 우리에게 하고 계시는 하나님의 예언의 말씀입니다. 이 설교는 목사 혼자서 만드는 것이 아니라 교인들과 함께 만드는 것입니다. 아주 쉽게 예를 들어볼 수 있습니다. 목사가 설교를 준비하면서 어떤 교인이 생각이 납니다. 그 교인이 이 설교를 들으면 어떻게 반응할까를 생각합니다. 이런 내용으로 설교하면 안 되겠다는 생각이 듭니다. 설교문을 수정합니다. 이것을 자기검열이라고 해야 할까요? 이렇게 하다 보면 사실, 전할 말씀이 없습니다. 두루뭉술한 말씀이 될 수밖에 없습니다.

설교에서 성도들의 역할이 중요합니다. 설교를 잘 들어주는 것이 중요하다는 것 정도가 아닙니다. 하나님께서 목사를 통해 말씀하실 때에 어떤 말씀이든지 듣고 순종하겠다는 태도를 가져야 합니다. 그 말씀이 아무리 마음을 불편하게 하고 내 죄악을 드러내기에 힘들다고 하더라도 하나님께서 말씀하시니 듣고 순종하겠다는 태도를 가져야 합니다. 이렇게 회중이 순종하겠다는 태도를 가지면 목사의 설교는 갈수록 성경적인 설교가 될 것입니다. 이것은 목사가 어떻게 설교하든지 무조건 하나님의 말씀이라고 강변하는 것이 아닙니다. 회중은 목사의 설교가 성경적인지 분별해야 합니다(행 17:11). 회중이 설교를 분별하면서 듣는다면 목사의 설교는 더더욱 성경적이 되어갈 것입니다. 회중이 설교를 만들어간다는 말은 맞는 말입니다.

오늘도 우리는 함께 모여서 예배하지 못하지만 경건회를 하면서 같은 말씀을 나눌 것입니다. 이 말씀이 우리를 살립니다. 이 말씀으로 우리가 살아갑니다. 오늘도 한 자리에서 함께 하나님의 말씀을 듣는다는 태도로 성경 본문과 설교문을 읽고, 묵상하고, 나누기를 바랍니다. 공예배에서는 설교만 듣고 끝나지만(물론, 오후예배때 그 말씀을 나누는 시간을 가집니다만) 경건회의 유익은 그 말씀을 가족이 함께 나눌 수 있다는 데 있습니다. 저희 가족도 설교문을 읽는 것은 20분도 채 걸리지 않는 것 같은데, 그 말씀을 같이 나누는 시간이 두세 배나 되는 것을 경험합니다. 이렇게 말씀은 들을 뿐만 아니라 우리의 입으로 말해 보고, 서로 나누어야 합니다. 그래야 그 말씀이 나의 말씀이 될 수 있고, 우리 모두의 말씀이 될 수 있습니다. 개인 경건회를 해도 마찬가지입니다. 개인적으로 그 말씀을 묵상하고 적용하고 기도할 수 있으니까요.

코로나로 인해 함께 모이지 못하는 것이 너무나 안타깝습니다. 이것이 장기화되면 우리의 신앙생활에 큰 어려움이 야기될 수 있습니다. 서로의 연결이 끊어질 수 있습니다. 참으로 위험한 상황입니다. 코로나로 인해 함께 모여 예배하지 못하는 것이 손해만 되는 것이 아닙니다. 경건회를 통해 말씀을 더 풍성하게 나눌 수 있고, 말씀을 묵상할 수 있다는 것이 놀라운 유익입니다. 하나님께서 잠시 예배를 흔들어 놓으신 이유는 예배에 참석하는 것만으로 만족하지 말고, 흩어져서 말씀을 묵상하고 하나님께서 세우신 자리에서 그 말씀대로 살아가기를 바라시는 것이 아닐까요? 오늘 경건회도 잘하기를 바라고 경건회의 유익 또한 잘 누리기를 바랍니다.

말씀나눔과 글쓰기를 꼭 해야 합니까?

말씀을 나누어야 한다는 것은 이해하겠는데 꼭 글쓰기를 해야 한다고 하시는 이유가 무엇입니까? 학교도 아니고 말입니다.

성경으로부터 출발해 보겠습니다. 우리는 끊임없이 말씀, 즉 성경을 대할 수 있습니다. 중세 시대에는 성경이 라틴어로만 되어 있었기에 신자들이 성경을 읽을 수 없었습니다. 종교개혁의 기여는 각 나라의 말로 성경을 번역한 것입니다. 이제는 누구든지 모국어로 성경을 읽을 수 있게 되었습니다. 로마 가톨릭은 오직 교황만이 성경을 해석할 수 있다고 하면서 종교개혁의 정신을 비방했습니다. 성경을 자유롭게 읽게 되면 누구나 성경을 해석하려고 들텐데 어떤 해석이 옳은지 어떻게 알겠냐고 말했습니다. 즉, 성경을 자유롭게 읽기 시작하면 이단이 생길 수밖에 없다는 것입니다. 일견 그럴 듯 해 보이는 말입니다. 성경 번역과 성경 해석의 자유는 위험할 수 있습니다. 우리는 성령께서 우리의 성경 해석을 지도해 주시리라 믿어야 합니다. 성경은 권위있는 어떤 한 사람이 해석하고 그것을 그대로 베끼는 것일 수 없기 때문입니다.

종교개혁은 목사에게 성경을 공적으로 해석하고 설교할 권한을 주었습니다. 목사가 무오한 것이 아닙니다. 그만큼 말씀에 대한 무거운 책임을 지고 있다는 뜻입니다. 목사는 자신이 전하는 설교가 하나님께서 지금도 자기 백성과 교회를 향해 하시는 말씀이 되도록 전해야 합니다. 회중이 '하나님께서 오늘도 우리에게 말씀하셨다'라고 외칠 수 있어야 합니다. 그런데 상한 것이 이런 말은 이단에서 더 많이 하는 말입니다. 어느 누가 이 일을 완벽하게 할 수 있겠습니까? 목사는 더욱더 성령의 충만함을 입어야 합니다. 성경을 기록하도록 감동을 주신 성령께서 성경을 읽을 때에 역사하셔야 하고, 그 성경 말씀을 공적으로 선포할 때도 역사해 주셔야 하기 때문입니다. 성령은 성경 해석의 영입니다. 성경은 이해력이 좋아야 해석할 수 있는 것이 아니라 성령을 받지 않으면 결코 바르게 해석할 수 없는 책입니다.

신자는 예배 때 말씀을 수동적으로 받기 쉽습니다. 예배 중에 설교를 듣고만 있기 때문입니다. 설교는 원래 일방통행이 아니라 쌍방통행입니다. 목사가 설교할 때 회중들에게 무언가를 묻고 그것에 대해 답을 하지는 않습니다. 설교 전에 어떤 본문에 대해 교인들이 어떻게 생각하고 있는지 일일이 묻지 않습니다. 물론, 심방을 통해 말씀을 어떻게 받고 있는지, 교인들이 어떻게 생활하고 있는지를 확인하고 그것을 설교 준비와 설교 전달에 활용하기 때문에 이미 교인들의 상황이 반영되어 있습니다. 그래서 목사의 설교는 공중에 냅다 지르는 소리가 아닙니다. 설교는 구체적으로 회중을 향한 하나님의 말씀의 선포입니다. 하나님께서 개체 교회의 목사를 통해 그 교회, 그 회중을 향해 말씀하시기 때문입니다. 우리가 주일에 이곳 저곳에서 만들어 올리는 설교 영상이나 온라인 예배에 참여하지 않고 함께 내가 속한 교회의 목사가 작성한 설교문을 읽는 이유가 여기에 있습니다. 우리는 그 설교문의 근거가 되는 성경 본문과 그 설교문을 잘 묵상해야 하겠습니다.

우리는 듣는 것에 익숙해 있습니다. 종교개혁은 보는 예배를 듣는 예배로 바꾸어 놓았습니다. 그래서 우리는 오직 듣습니다. 그러나 듣는 것이 그렇게 쉽지는 않습니다. 우리는 이제 경건회를 통해 설교문을 읽는 것에도 익숙해져야 합니다. 경건회를 할 때 설교문을 눈으로만 보지 말고 읽기를 바랍니다. 먼저 성경 본문도 소리내어 읽어야 합니다. 그리고는 설교문을 읽으면서 들어야 합니다. 학습에 있어서 중요한 것이 읽기와 듣기입니다. 잘 읽어야 합니다. 고대로부터 읽기는 소리내어 읽기였습니다. 현장 예배 할 때는 설교를 들을 수밖에 없겠지만 이제 경건회를 통해 읽기와 듣기를 함께 할 수 있습니다.

말씀(성경 본문과 설교문)을 읽고 들었다면 이제는 그것을 나누어야 합니다. 일반 학습에 있어서도 읽기와 듣기 후에 말하기와 쓰기가 이어집니다. 최종적으로는 실천이 따라와야 합니다. 실천이 없는 묵상과 나눔은 형식에 불과합니다. 이 말하기와 쓰기를 통해 말씀에 대한 이해가 마무리 됩니다. 요컨대 우리는 경건회를 통해 말씀 나누기를 잘 해야 합니다. 이미 강조했듯이 경건회가 공예배에 비길 바는 아니지만 말씀을 나눌 수 있다는 것은 큰 유익입니다. 부모가 자녀와 함께 말씀을 나눌 수 있다는 것이 얼마나 큰 유익입니까? 혼자서 경건회를 해야 할 경우에는 자기 자신에게 말씀을 나누면 됩니다.

경건회가 끝났다고 해서 다 끝난 것은 아닙니다. 다른 성도들과 더불어 말씀을 나누는 것이 중요합니다. 여기서 글쓰기가 들어갑니다. 우리가 교인 카톡방을 개설한 중요한 이유 중 하나가 이것입니다. 교인 카톡방은 교회의 광고를 공지하고 성도들의 기도 제목을 나누기 위한 목적입니다. 사사로운 의견이나 주장을 하기 위해 개설한 것이 아닙니다. 교인 카톡방을 개설한 중요한 목적은 말씀을 나누기 위해서입니다. 글쓰기를 해야 합니다. 그래서 글쓰기가 중요합니다. 우리가 설교를 읽고 듣고서는 머리로 다 이해한 것 같지만, 말로 해 보고 글로 써보기 전에는 제대로 이해한 것이 아닙니다. 글로 써보면 말씀이 정리가 됩니다. 그리고 내가 아는 것과 모르는 것이 분명하게 드러납니다. 글쓰기는 중요한 경건의 연습 중 하나입니다. 이제부터 글쓰기를 연습해 보시기 바랍니다.

글쓰기는 나를 숨기기 위한 것이 되기 쉽다고 말하는 이들이 있습니다. 그럴 수 있습니다. 어떤 분의 책이 너무 좋아서 그 저자를 만나보면 실망할 때가 많은 것이 사실입니다. 글과 인격이 다를 수 있습니다. 글과 말도 많이 다릅니다. 글을 잘 쓰는 사람이 말을 잘 못하는 경우도 많고요. 말은 잘 하는데 글 쓰기가 형편없는 경우도 많고요. 글과 말이 꼭 일치하는 것은 아닙니다. 아니, 글과 말이 꼭 일치해야만 하는 것은 아닙니다. 글과 말은 형식과 표현 방식이 다르기 때문입니다. 물론, 제일 좋은 글은 말하듯이 쓰는 글이라고 하지만 말입니다. 우리는 힘들어도 글쓰기를 해야 합니다. 말씀을 머리와 가슴으로 묵상하고 입으로 나누었으면 이제는 손으로 글쓰기를 해야 합니다. 글쓰기는 최종 정리와 같은 것입니다.

말을 무책임하게 하는 경우가 많습니다. 요즈음에는 어디서나 녹음을 하려고 하기에 거짓말하고 무책임한 말을 던지는 경우 큰 곤란을 당할 때가 많습니다. 글쓰기는 무책임할 수가 없습니다. 잘못 썼다고 생각해서 도중에 지워도 다른 사람이 캡처했다면 남아 있으니까요. 추적하면 피할 수 없으니까요. 그래서인지 사람들은 되도록이면 글로 남기지 않으려고 합니다. 자기를 숨기거나 속이기 쉬워 매우 조심스러워 합니다. 하지만, 우리는 글쓰기를 피해서는 안 됩니다. 그래야 글쓰기도 발전합니다. 두려움을 떨치고 쓰기 시작해야 합니다. 글이 나의 모든 것을 대변하지 않으니 부담을 내려놓고 글쓰기를 시작해야 합니다. 성경이 기록으로써 우리에게 전달되었기에 우리가 하나님의 뜻을 분명하게 알 수 있듯이, 글쓰기를 하면 나의 입장과 태도를 분명하게 드러낼 수 있습니다. 글쓰기를 통해 우리는 세상과 믿음의 형제 자매들에게 나를 드러낼 뿐만 아니라 하나님 앞에 서기를 연습할 수 있습니다. 말과 글은 떼우는 것이 아니라 우리의 고백이요, 우리의 삶을 구체화하는 것입니다. 교인 카톡방에 말씀 묵상한 것을 잘 나누어 보기 바랍니다.

코로나는 홀로 살아가기를 요구할까요?

코로나가 우리에게 주는 계시와 같은 사인이 있는 것 같습니다. 지금까지는 집단으로 살았는데 이제부터는 홀로 살아가야 한다는 계시가 아닐까요? 계시란 말을 함부로 사용해서는 안된다는 것을 알기에 민망한 말이기는 하지만 말입니다.

그렇습니다. 코로나가 길어지면서 삶의 패턴이 많이 바뀌고 있습니다. '집콕'이 늘어나고 있습니다. 우리가 주일에 함께 모여 예배해야 함에도 불구하고 함께 모이지 못하고 있습니다. '대면예배', '비대면예배'라는 신조어가 생겨나고 있습니다. 웃기는 이야기일지 모르겠지만, 모든 예배는 대면예배이면서 동시에 비대면예배입니다. 성도들은 서로를 대면해야 합니다. 우리는 함께 모여 한 장소에서 예배해야 합니다. 우리는 예배 자리에서 하나님을 직접 뵐 수 없습니다. 그래서 비대면예배라고 부를 수 있습니다. 물론, 사회에서 언급하는 대면과 비대면은 다른 말이지만 말입니다.

코로나가 주일의 모습을 너무나 많이 바꾸고 있습니다. 이 제는 많은 성도들이 주일에 예배하기 위해 예배당에 가는 것이 당연한 것이라는 생각을 접고 있습니다. 이제는 주일에 집에 있어도 된다는 것에 익숙해지고 있습니다. 이것이 길어질수록 대부분의 성도들은 주일에 예배당에 가는 날을 더 간절히 기다 릴 것입니다. 어떤 권사님은 오랜만에 ZOOM으로 얼굴을 보 더니 눈물을 비추면서 빨리 만나고 싶다고 했습니다. 하지만 이와 달리 주일에 굳이 예배당에 가지 않아도 되겠다는 생각이 커질 수도 있습니다. 사람은 너무나 쉽게 습관에 익숙해지기 때문입니다.

코로나가 이렇게 길어질 줄 몰랐습니다. 하나님께서 분명히 코로나를 통해 이 세상에 말씀하시는 것이 있을 것입니다. 우 리 교회를 향해 하시는 말씀이 있을 것입니다. 우리는 그것을 찾아야 합니다. 그것이 무엇일까요? 많은 이들은 그것이 이제 더 이상 교회에 매이지 말고 독립적인 신앙생활을 하라는 사인 (sign)이라고 말합니다. 신자는 이제 주일에 교회가고 예배한 것 으로 신앙생활을 제대로 한 것이라고 생각하는 것을 떨쳐 버려 야 한다는 것입니다. 이제는 신자 개개인이 홀로 서야 한다는 것입니다. 교회 중심의 신앙생활에서 가정 중심의 신앙생활 로, 더 나아가 사회 중심의 신앙생활을 요구하고 있다고 말합 니다. 일견 맞는 말처럼 보입니다. 그러나 우리가 주일에 모이는 것은 그것 자체가 목적이 아닙니다. 외롭기 때문에 일주일에 한 번씩 모이는 것도 아닙니다. 마음 맞는 사람들끼리 만나는 것이 필요해서 모이는 것도 아닙니다. 주일에 모여 함께 예배하는 것은 하나님께서 우리를 세상으로부터 불러내어 주셨기 때문입니다. 우리는 세상에 속한 자들이 아니라 하나님께 속한 자들임을 확인하는 자리가 예배 자리이고, 주일이라는 날입니다. 우리는 함께 모여 예배하면서 하나님의 백성인 것을 확인하면서 이 세상으로 나아갑니다.

코로나가 공예배를 제대로 할 수 없게 만들고 있기에, 그동안의 우리 공예배가 제대로 된 예배가 아니었고, 또 우상 숭배와도 같아서 하나님께서 그것을 흔드셨다고 말하는 것은 지나친 말입니다. 물론, 저도 그런 말을 쓴 적이 있고 성경에서도 그런 정황의 말씀이 있기는 합니다. 하지만, 공예배를 사모하는 것은 신자로서 마땅한 일입니다. 공예배와 우리의 삶이 나누어지지 않습니다. 우리의 삶의 예배라는 것은 공예배를 대체하는 것이 아닙니다. 반대로, 공예배 또한 삶으로 드리는 예배를 배제하지 않습니다.

코로나 시대는 우리에게 거리두기를 요구합니다. 함께 모이지 않아야 살아남을 수 있다는 것이 얼마나 아이러니합니까? 함께 살아가야 할 사람들이 함께 하지 않아야 합니다. 이제부터는 독립적으로 살아갈 방법을 찾아야 한다는 말이 나옵니다. 이 기회에 신앙생활도 독립적이 되어야 할까요? 코로나는 우리가 이제부터 교회나 목사나 다른 성도들에게 지나치게 얽매이지 않고 홀로 신앙생활하라는 사인(sign)일까요? 그동안 한국 기독교인들은 교회 속에서 자신의 정체성을 찾았습니다. 어떤 유명한 교회를 다니고 있냐, 어떤 유명한 목사의 설교를 듣고 있냐, 어떤 좋은 프로그램에 참여하고 있냐를 가지고 자신의 정체성으로 삼으려고 했습니다. 이것은 특정 기독교인들의 문제가 아니라 누구나 가질 수 있는 생각입니다. 이런 것으로부터 벗어나야 합니다. 우리를 둘러싸고 있는 환경이 우리를 규정하지 않습니다.

코로나는 우리에게 모든 것으로부터 거리를 두라고 요구하고 있습니다. 교회로부터도 거리를 두라는 것으로 오해하면 안 됩니다. 다른 성도로부터도 거리를 두라는 것으로 오해하면 안 됩니다. 하나님을 아버지로 모시고 있는 우리는 교회를 어머니로 모시고 살아야 합니다. 교회를 절대시하는 것이 아닙니다. 코로나 시대에 작은 교회가 가장 큰 어려움을 겪고 있고 소위 말해서 문을 닫는 교회들이 기하급수적으로 늘어나고 있습니다. 올 연말이 되면 작은 상가 교회들은 절반 이상 문을 닫게 될지 모릅니다. 많은 성도들이 힘든 교회를 도와야 하겠다고 생각합니다. 우리가 교회를 돕는 것이 아니라 교회가 우리를 돕고 있다는 것을 잊지 말아야 하겠습니다.

코로나는 '홀로 서라'는 사인이 아니라 '함께 서라'는 사인입니다. 일단 거리를 두면서 그 다음에는 거리를 줄이라는 사인입니다. 이것은 시차의 문제가 아닙니다. 많은 경우 우리가 거리를 두는 것 자체가 거리를 줄이는 것이 됩니다. 나의 욕심과 욕망에 매몰되고 딱 붙어 있던 것으로부터 거리를 띄우라는 사인입니다. 그 거리두기를 통해 거리를 줄여야 할 것들을 찾아가야 합니다. 우리는 거리를 둘 때만 객관적으로 볼 수 있고, 그 거리두기를 통해 훨씬 더 가까워질 수 있고 잘 개입할 수 있습니다.

코로나는 몸이 멀어지더라도 마음은 가까이 있어야 한다는 것을 보여줍니다. 우리가 더 얼마 동안 함께 모이지 못할지 모르겠습니다. 우리가 당분간 함께 모이지 못하더라도 영원히 함께 할 사람들이라는 것을 잊지 말아야 합니다. 우리는 어디에 있든지 신자로서 살아갑니다. 우리는 하나님을 대신하여 살아가고, 다른 성도들을 대신하여 살아갑니다. 그렇다면 함께 모이지 못하는 것은 멀어지는 것이 아니라 더 가까워지는 것입니다. 보이지 않는 그 성도가 나를 통해 이 세상에 나타나기 때문입니다.

코로나가 길어지다 보니 외로움이 심해지고, 사람을 만날 기회를 끊임없이 찾게 됩니다. 이런 유혹을 극복하고 홀로 서기를 해야 합니다. 코로나는 자기 속으로만 침잠하는 홀로 서기를 요구하는 것이 아닙니다. 이제부터 우리는 홀로 서야겠다고 결심할 것이 아니라 어떤 경우에도 함께 서야겠다고 다짐해야겠습니다. 코로나는 우리가 그동안 지나치게 의존해 왔던 것, 또한 우리가 홀로 서려고 했던 것 양자를 돌아보라고 말하고 있습니다. 우리가 제대로 홀로 서기를 하기 위해서는 그리스도와 함께 하기, 성도들과 함께 하기를 잘해야 합니다. 우리는 함께 모일 날을 사모해야 합니다. 우리는 함께 할 수 없는 시간들 속에서 이미 함께 하고 있다는 것을 알아야 합니다. 우리는 함께하지 못할 때 비로소 제대로 함께 할 수 있습니다.

코로나 시대에 어떻게 거리를 좁힐 수 있을까요?

사회적 거리두기가 강조될수록 우리가 어떻게 거리를 좁힐 수 있는 지 고민해야 하지 않을까요?

맞습니다. 코로나 사태로 인해 생겨난 신조어가 '사회적 거리두기'(Social distancing)입니다. 이 표현은 뭔가 이상합니다. '사회'라는 것은 기본적으로 함께 모여 사는 것을 표현하는 말입니다. 함께 모여 사는 사회에서 '거리두기'를 해야 한다고 말하고 있습니다. 이것은 '함께 혼자 살기'라는 말처럼 형용모순입니다. 코로나라는 전례 없는 전염병이 전 세계를 강타하면서 이런 예상치 못한 용어마저 생겼습니다. 이 표현이 잘못되었다고 하면서 '물리적 거리두기'로 바꾸어야 한다는 말이 있지만 '사회적 거리두기'라는 표현이 대세를 이루게 되었습니다. 거리를 두어야 우리 사회가 생존할 수 있다는 절박감입니다.

코로나 상황에서는 '거리두기'가 필수적이지만 우리 한국인들에게는 '거리두기'라는 말이 어색할 수밖에 없습니다. 우리는 어쩔 수 없이 거리를 두고 생활하고 있습니다. 그 전에 우리는 속된 말로 복작대며 살아왔습니다. 부대끼며 살아왔습니다. 아무런 거리 없이 지나치게 부대끼면서 살아왔고 서로에게 들이대면서 살아왔습니다. 그래서 거리두기라는 말이 너무나 어색하면서도, 다른 한편으로는 반가운 측면도 있습니다. 사람들이 나에게 치대는 일이 줄어들었기 때문입니다. 집단주의에 매몰되어 있다가 비로소 개인 삶의 공간이 생겨나고 있기 때문입니다.

코로나로 인해 마스크를 쓰는 것이 일상화되었습니다. 마스크를 쓰면 어느 정도 거리를 좁힐 수 있습니다. 마스크가 서로에게 가까이 다가갈 수 있게 만들어 주었습니다. 하지만, 누군가가 지나치게 가까이 다가오면 거북합니다. 누군가가 바짝 다가와서 말을 하기 시작하면 부담스럽습니다. 한두 마디 말로 끝나는 것이 아니라 말이 길어지기 시작하면 불안해집니다. 부담을 넘어 불안함으로, 불안함을 넘어 위협으로 느껴집니다. 말 많이 하는 사람이 이렇게 위협적으로 느껴지기는 처음입니다. 최소한의 거리 확보가 중요해졌습니다.

거리를 좁히는 것이 거북하게 느껴지기 때문에 이제는 심정(心情)이 중요하게 되었습니다. 마음가짐이 더 중요해졌다는 말입니다. 마음은 열어 보일 수 없는 것이지만 코로나 시대에는 마음이 더 중요해졌습니다. 기독교인들에게 제일 중요한 것이 마음입니다. "무릇 지킬만한 것보다 더욱 네 마음을 지키라"(잠 4:23)고 하지 않았습니까? 이 말씀은 어디 외딴 곳으로 가서 마음을 진정시키라는 말씀이 아니라 다른 사람들을 향해 늘 마음을 열고 있으라는 뜻입니다. 사람들의 반응에 일희일비하지 말라는 것입니다. 코로나 시대에 우리는 물리적인 거리를 두더라도 마음은 열어야 합니다. 마음을 열고 다가가야 합니다.

마음은 거리를 좁히는 힘이 있습니다. 마음은 생각과 다릅니다. 우리는 생각으로 어디든지 갈 수 있습니다. 지구 끝까지 갈 수 있고, 우주 끝까지 갈 수도 있습니다. 생각으로는 못 할 것이 없고, 못 갈 곳이 없습니다. 마음은 생각보다 제한적인 것 같지만 생각을 움직이는 것이 마음입니다. 마음을 새롭게 하면 뜬 구름 잡는 것과 같은 생각이 아닌 아주 현실적이고 구체적인 생각을 하며 살아갈 수 있습니다. 현실 속에 뿌리내리며 이웃과 더불어 살아갈 수 있습니다. 하나님께서는 물리적인 거리를 두면서도 가까이 다가갈 수 있는 마음을 주셨습니다.

말에 대해서도 생각해 보아야 하겠습니다. 우리는 대부분 말로 의사소통을 해 왔습니다. 하지만 거리두기 때문에 말을 할 수 없게 되었습니다. 젊은 친구들에게 전화해서 목소리를 듣고 싶은데 그것도 싫어합니다. 응대하는 것이 힘들기 때문입니다. 전화가 걸려오는 것은 나의 영역을 침입하고 내 시간 속에 침투하는 것으로 생각합니다. 나의 자유를 빼앗아가는 것이라고 생각하기도 합니다. 굳이 하려면 문자나 메시지를 보내면 됩니다. 확인해 두었다가 내가 원하는 시간에 답을 하면 되기 때문입니다. 이렇게, 말하는 것과 전화하는 것 등 의사소통의 모습까지도 바뀌어가고 있습니다.

지금까지 우리는 말로 설득하고 말을 통해 복음을 전하려고 했습니다. 이제는 말이 그렇게 중요하지 않게 되었습니다. 침 튀기며 말하는 것이 위협이 되고 있기 때문입니다. 이제는 작은 눈짓, 몸짓 하나 하나가 중요하게 되었습니다. 이렇게 가까이 다가가서 말을 많이 할 수 없는 상황에서 중요해진 것이 '태도'입니다. 입을 가리고 눈만 보이기 때문에, 심지어 표정조차도 잘 파악할 수 없기 때문에 눈짓이 모든 것을 말합니다. 사람의 몸짓이 모든 것을 말하고 있습니다. 신자는 원래 말 잘하는 사람이 아니라 좋은 태도의 사람들입니다. 신자는 태도가 새로워진 사람들입니다. 신자는 거만한 태도를 버려야 합니다. 말보다는 태도가 복음이 무엇인지를 제대로 보여줍니다.

사람을 인격적으로 대하는 태도가 몸에 익어야 합니다. 하나님을 닮은 모습이 자연스럽게 풍겨 나와야 합니다. 세상은 우리의 말이 아니라 태도를 보고 있습니다. 코로나로 인해 신자의 심정과 교회의 태도가 숨길 수 없이 드러나고 있습니다. 기독교인과 교회가 주목받고 있습니다. 이게 잘된 것입니다. 예수님이 말씀하셨듯이 교회는 원래 산 위에 있는 동네라고 하셨으니까요(마 5:14). 숨길 수 없다고 하셨으니까요. 코로나는 교회의 태도가 어떠한지를 드러내고 있습니다. 코로나는 기독교인들의 마음이 새로워져야 한다고 말하고 있습니다. 코로나가 교회를 드러내어 주니 얼마나 좋은 일입니까? 교회가 세상으로 다가가지 않아도 세상이 교회를 보기 시작했으니까요.

코로나 시대에 비로소 생겨난 신조어는 아니지만 '초연결성'(hyperconnectivity)이라는 표현이 있습니다. 대한민국이 코로나를 방역하는데 성공한 이유는 두 단어로 요약될 수 있습니다. 하나는 먼저 이야기했던 '사회적 거리두기'이고, 다른 하나는 '초연결성'입니다. 이 두 단어 또한 서로 대립 관계에 있는 것 같지만 서로를 필요로 합니다. 개인적으로는 사회적 거리두기를 해야 하지만, 방역당국에서는 GPS를 이용해 모든 이들에게 초연결성을 제공합니다. 확진 환자의 동선을 알려주어서 감염의 위험으로부터 벗어나게 해 주는 것 말입니다.

초연결성이란 표현처럼 코로나의 유익 중에 하나는 교회가 세상과도 깊이 연결되어 있다는 걸 보게 해 준 것입니다. 교회가 하는 것이 세상에 바로 영향을 끼치게 되어 있다는 것을 보여주었습니다. 코로나는 우리 몸에 침투하지만 우리를 발가벗기고 있습니다. 코로나는 사람을 이용하기 위해 다가가는 것이 아니라 거리두기 속에서 심정으로 하나됨을 느끼는 것이 중요하다는 것을 일깨우고 있습니다. 코로나는 말로 사람들을 설득하려고 하는 것이 아니라 말 없는 태도로 공감해 주는 것이 중요하다는 것을 일깨우고 있습니다. 우리는 이제부터 거리를 두면서 새로운 방식으로 깊이 연결되어야 합니다. 하나님과 우리가 하늘과 땅의 거리만큼이나 멀었지만 그리스도와 성령으로 인해 우리가 하늘에까지 이를 수 있게 되었습니다. 이에 우리는 관계를 끊어버리는 것이 아닌 제대로 된 거리두기, 개입이나 조작이 아닌 진정한 초연결성을 선보여야 하겠습니다.

예배당 공간을 어떻게 해야 할까요?

Q11

예배당 공간을 어떻게 해야 할까요? 참으로 고민이 깊습니다. 겨우 작은 공간을 마련했는데, 그 공간이 거의 폐쇄된 것 같으니까요.

한숨이 절로 나오시나요? 그렇습니다. 너무나 안타까운 상황입니다. 이러지도 저러지도 못할 상황입니다. 코로나 시대에 수많은 공간이 폐쇄되었습니다. 병원이나 요양원, 카페나 식당, 사무실과 예배당, 물류센터와 콜센터, 국회와 공공기관 등도 일시적으로 폐쇄되었습니다. 코로나 확진자가 나온 공간은 무조건 일정 기간 폐쇄되었습니다. 코로나 확진자가 발생했다고 하더라도 방역을 하고서 바로 열어도 되는데 왜 폐쇄해 버리는지 이해하지 못하겠다는 이들도 많습니다. 예배당 같은 경우에도 확진자가 생기면 2주동안 무조건 폐쇄되었습니다. 왜 2주일까요? 코로나 바이러스가 그 공간에 2주 동안이나 머물고 있다는 말일까요? 이렇게 코로나 바이러스는 장소를 불문하고 퍼질 수 있고, 그 장소는 폐쇄와 개방을 반복하고 있습니다. 코로나 시대에 공간이 폐쇄될 뿐만 아니라 개방된 공간에 들어갈 수 있는 사람의 수도 제한되었습니다. 서로 간에 거리를 확보해야 하기 때문입니다.

코로나 시대에 공간에 대한 고민이 시작되었습니다. 어떻게 공간을 확보할 것인가가 관건입니다. 코로나 바이러스의 특성상 3밀(밀폐, 밀접, 밀집)을 피해야 하기 때문입니다. 3밀에 노출되어 있는 콜센터 직원들이나 택배 직원들, 요양병원 환자들의 집단 감염 사례들이 이 3밀의 위험성을 잘 보여주고 있습니다. 말장난이지만 이제는 '밀'이 아니라 '멀'이 되어야 합니다. 멀찍이 떨어져야 합니다. 우리는 그동안 공간의 중요성에 대해 생각할 필요가 없었는데 이제는 공간을 확보하는 것에 대해 민감해졌습니다. 공간에 대해 민감해진 것은 늦었지만 다행이라는 생각이 듭니다. 사람 간에 확보되어야 할 거리와 공간만이 아니라 동물들, 그리고 지구 환경 전체가 가져야 할 공간에 대해 생각하게 되었기 때문입니다.

우리 인간이 자유롭기 위해서 가장 중요한 것이 바로 공간을 확보하는 것입니다. 공간이 확보되지 않은 곳은 우리 사회의 가장 약한 고리일 수밖에 없습니다. 밀폐된 곳에서 수많은 사람들이 다닥 다닥 붙어서 일할 수밖에 없는 환경을 시급하게 개선해야 합니다. 우리가 서비스를 한 푼이라도 더 깎으려고 하는 것이 가면 갈수록 공간을 더 좁히고 있다는 것을 알아야 합니다. 소비자인 우리의 책임이 큽니다. 우리가 외부에서 나의 공간을 확보하기 이전에 자신만의 공간을 확보해야 합니다. 아파트 평수를 늘려야 한다는 이야기가 아닙니다. 우리는 스스로 확보한 공간을 통해서만 참으로 자유로울 수 있고, 그 공간이 확보된 사람이야말로 다른 사람에게도 공간을 내줄 수 있기 때문입니다.

그동안 우리가 확보해 놓은 공간을 생각해 봅시다. 우리가 살고 있는 대부분의 집은 아파트입니다. 아파트는 가장 편리한 공간입니다. 그 공간은 집합 주택이기 때문에 사적인 공간 속에 다른 이들의 간섭이 쉽게 이루어지기도 합니다. 층간소음으로 인해 엄청난 스트레스를 안고 살아가고, 윗 아래층 사람들끼리 분쟁하면서 법정 고소로까지 이어지고 있습니다. 아이러니하게도 아파트 문화는 집 평수에 의해 그 가족(특히 가장)을 평가합니다. 건축 회사의 평판, 그리고 아파트의 평수로 사람을 판단하는 것이야말로 얼마나 야만적입니까? 평수가 판단 기준이라면 야생동물들이 사람보다 훨씬 뛰어난 성취를 이루었다고 해야 할 것입니다. 우리는 아파트 문화가 가지고 있는 특성, 철저하게 확보된 개인공간에 무시로 침투해오는 이웃의 개입을 잘 조화시켜야 합니다.

예배당 공간은 어떠해야 할까요? 주일이면 당연히 예배당에 가던 습관이 무너졌습니다. 주일인데도 평상시처럼 집에 그냥 있어도 되기 때문입니다. 몸을 끌고 예배당으로 가던 추억, 그 예배당에서 이루어지는 일에 참여하면서 우리를 형성하던 습관이 무너져가고 있습니다. 한동안 예배당에서 예배하지 못하면서 우리 자녀들이나 어른들이 예배당에 대한 추억을 잃어가고 있습니다. 우리 자녀들이 예배당 정원이나 구석에서 놀던 추억의 공간들이 비어 있습니다. 예배당 공간을 얼마나 확보하고, 그 공간을 어떻게 꾸밀 것인지를 생각하기 이전에 예배당 공간의 의의에 대해 생각해 봐야겠습니다. 예배당은 공개적이고 공적으로 하나님을 만날 수 있는 곳, 함께 우리의 추억이 자라는 곳, 우리의 몸이 새로워지는 곳입니다. 공간의 이런 목적을 성취하기 위해 공예배도 재조정할 필요가 있을 것입니다.

코로나로 인해 예배당 공간 문제는 큰 숙제가 되었습니다. 소위 말하는 수많은 상가 교회들이 코로나 사태로 인해 직격탄을 맞았습니다. 안 그래도 상가 교회에 대한 인상이 좋지 않았는데 이제는 지하실이나 좁은 공간에서 예배하는 것을 꺼림직이 생각하게 되었습니다. 땅을 사서 건물을 지을 수 없는 상황에서는 상가의 일정 공간을 빌려서 예배할 수밖에 없는데 이런 공간에서 누리던 은혜를 잃을 것입니다. 우리는 중세 교회의 로마네스크 양식처럼 예배당은 견고한 성채라고 생각했고, 고딕 양식처럼 저 하늘 높이 올라가는 것을 지향했습니다. 상가 교회들은 이와 달리 임시성과 나그네성을 잘 보여주고 있었는데, 그 상가 교회들이 가장 큰 위기에 처했습니다. 상가 교회들에서의 추억들도 이제는 많이 사라질 것입니다. 어떤 건축가는 코로나 시대에 텐트처럼 임시적인 느낌이 드는 건축을 생각하고 있다고 했는데, 코로나가 아니라도 앞으로는 이런 공간 구성이 필요해 보입니다.

좀 더 근원적으로 말하자면 예배당은 무언가로 가득 채워져 있어서는 안 됩니다. 예배당은 하나님의 함께하심만이 아니라 하나님의 초월해 계심도 보여줘야 하니 말입니다. 로마네스크 양식이 하나님의 함께하심으로 인한 보호를 잘 보여주고, 고딕양식이 저 하늘 위에 계신 하나님께로까지 상승하고자 하는 욕구를 잘 보여줬습니다. 예배당은 하나님의 함께하심과 초월해 계심 사이에서 균형을 맞추어야 합니다. 우리는 예배당에서 하나님의 함께하심을 누려야 할 뿐만 아니라 하나님께서 모든 우주를 초월해 계시면서 온 우주를 다스리신다는 것을 경험해야 할 것입니다. 이것은 건축 양식을 통해 자동적으로 구현되는 것이 아니라 회중이 함께 만들어가야 하는 것입니다.

인간이 만든 인위적인 공간은 폐쇄성이 지배합니다. 벽을 쌓는 것 하나만 놓고 보더라도 다른 공간으로부터 차단되기 위함입니다. 우리는 나 혼자만의 차단된 공간, 우리 집단을 위한 구별된 공간이 필요합니다. 폐쇄된 이 공간은 자신을 확보하기 위한 공간을 넘어 우리를 넘어서고 확장하기 위한 공간이 되어야 합니다. 다른 이들을 섬기기 위한 공간이 되어야 합니다. 예배당도 폐쇄성을 극복해야 합니다. 고대로부터 예배당 공간은 십자가 형태를 가졌다는 것을 주목해야 합니다. 고대 교회는 건물 꼭대기에 십자가를 세우기 전에 건물 자체를 십자가 형태로 만들었습니다. 이것은 평면 공간에서도 입체감을 주기 위함이었습니다. 십자가는 가로대와 세로대를 가지고 있기에 하늘과 땅, 땅과 땅 사이를 연결하는 것을 보여주고 있습니다. 예배당 공간은 천지사방과 구별되면서 동시에 천지사방으로 퍼져간다는 것을 보여줍니다. 이게 바로 우리 신앙의 모습이 되어야 할 것입니다.

지금까지 우리의 일터를 제외하고 집과 예배당의 공간에 대해 생각해 보았습니다. 이 두 공간은 우리가 가장 많은 시간을 보내는 곳이 아닐는지 모르지만 우리를 가장 크게 형성하는 곳입니다. 우리의 가장 중요한 습관이 형성되는 곳도 바로 이 두 장소입니다. 집과 예배당은 넓이의 문제가 아니라 그 곳에 잘 스며들 수 있느냐가 관건입니다. 좁은 공간이라도 특정한 장소를 만들 수 있습니다. 내가 책을 읽는 곳, 모닝커피를 마시는 곳 등입니다. 좁은 예배당이라고 하더라도 늘 내가 앉는 좌석이 있고, 누군가와 대화하던 장소가 있습니다. 물론, 공적으로 예배하는 공간 전체가 중요합니다. 예배당은 집과 달리 사적으로 전유하는 공간이 많아지면 공공성을 잃기 쉽습니다. 예배당은 기능이 중요한 것이 아니라 함께 모이는 것 자체가 중요한 곳입니다. 우리 집과 예배당이 이런 추억의 장소, 우리의 습관이 형성되는 장소로 거듭나기를 바랍니다. 그 곳에 가면, 그 곳에 앉아 있으면 내가 나 자신으로 돌아갈 수 있는 곳이 필요합니다. 코로나 상황이기에 쉽게 갈 수 없더라도 그 곳을 생각하면 마음이 안정되고 잔잔히 미소가 번지는 그런 공간이 우리를 살릴 것입니다.

코로나 시대에 누구를 만나야 할까요?

Q12

코로나시대에 누구를 만나야 할지 모르겠습니다. 이런 상황에서라도 만나야 할 사람, 굳이 지금 만나지 않아도 될 사람이 구분되기는 하는 것 같은데요.

그렇습니다. 코로나는 일견 사람을 나누고 있습니다. 코로나 시대에 사람을 만나는 것을 피하게 되었습니다. 각종 만남을 조금이라도 줄이려고 합니다. 이유는 분명합니다. 무증상 감염이 많이 늘어났기 때문입니다. 만남을 줄이는 것만큼 코로나에 감염될 위험도 줄어들기 때문입니다. 상대방이 아무런 증상이 없는데 나중에 감염 환자인 것이 밝혀지고 그 사람과 접촉한 나도 감염이 될 수 있기 때문입니다. 거꾸로도 마찬가지입니다. 내가 무증상 감염 환자일 수 있기 때문에 다른 사람들에게 피해를 주지 않기 위해서라도 사람 만나는 것을 줄여야 합니다. 피치 못할 만남 외에는 만나지 않는 것이 좋습니다. 꼭 필요한 만남이 아니면 사양하는 것이 좋습니다.

예전에는 결혼식 청첩장을 받으면 큰 고민 없이 하객으로 참여했습니다. 청첩장이 날아온 것은 정식으로 초대하는 것이기 때문입니다. 초대받는데 가지 않는다면 다음에 만날 때 서운해 합니다. '내가 초대했는데 오지 않았냐'는 생각을 할 테니까요. 이제는 코로나로 인해 결혼식에 참여하는 것도 꺼려집니다. 굳이 가지 않아도 되겠다고 생각하기 시작했다는 것입니다. 결혼식장에 들어갈 수 있는 인원이 제한되기 때문이기도 합니다. 코로나는 인사치레를 위해 어떤 자리에 참석해야 하는 것을 줄여주고 있습니다. 불필요한 만남과 축하를 줄여주고 있습니다. 코로나가 우리의 거품을 줄여주고 있고, 비만을 줄여주고 있다고 말할 수 있겠습니다.

'코로나 블루'라는 말이 유행하고 있습니다. 코로나로 인해 사람들을 만나지 못하고 홀로 지내다 보니 우울증 환자들이 엄청나게 늘었습니다. 사람이 사람을 만나지 못하는 것이야말로 얼마나 고통스러운 것입니까? 코로나로 인해 외롭게 죽어가는 이들도 늘어나고 있습니다. 그동안 우리는 부대끼며 살아왔기에 사람들을 만나지 못하면 힘들어집니다. 내가 혼자라는 느낌을 견디기 힘듭니다. 코로나 때문에 그리운 것이 사람입니다. 사람들끼리 부대끼며 생활해 왔던 때가 그립습니다. 하루 빨리 이 코로나가 사그라들어서 마스크를 벗고 사람들을 마음껏 만날 날을 기다리고 있습니다.

이상한 말인지 모르겠지만 코로나에 감사해야 할 것도 있습니다. 코로나가 만남에 가지치기를 해 주고 있기 때문입니다. 사람을 만나면 힘이 나는 사람들이 있지만 사람들에게 치여 생활하다가 서서히 말라 죽어가는 사람들도 많았습니다. 코로나가 사람들에게 숨통을 틔워주고 있습니다. '마당발'이라는 말이 있는데, 사회생활하기 위해서는 마당발이어야 성공한다는 것입니다. 우리는 마당발이 되기 위해 너무나 큰 것, 나 자신을 잃어 버렸습니다. 사람들에게 비위를 맞추기 위해서 노력하다 보니 나 자신이 누구인지 잃어 버렸습니다. 그동안 우리는 만날 필요가 없는 사람들을 만나느라 너무나 많은 것을 허비했습니다. 이제는 코로나 덕분에 나 자신을 찾을 수 있는 기회가 왔습니다. 외롭다고 사람을 무조건 만나려고 해서는 안 됩니다.

코로나 시대에 사람을 아예 만나지 말아야 하는 것은 아닙니다. 필수적인 만남은 가져야 합니다. 재택근무를 하는 경우도 많지만 우리는 직장에 나가야 하고, 관련 업체 사람들을 만나야 합니다. 소위 말해서, 밥그릇을 위해 만나지 않으면 안 되는 경우가 많습니다. 내 목줄을 쥐고 있는 사람은 만나야 합니다. 미래를 위해서 투자해야 하는 사람도 만나야 합니다. 그런 경우를 제외한다면 우리는 누구를 만나야 할까요? 어떤 분은 코로나 시대에도 꼭 만나야 하는 경우를 다음과 같이 생각한다고 합니다. 그 사람으로 인하여 코로나에 감염되었을 때 아무런 불평을 하지 않을 수 있겠냐. 그리고, 자신에게 코로나를 전파한 사람을 걱정해줄 뿐만 아니라 그 사람에게 오히려 미안한

97

마음을 가질 수 있겠냐로 판단한다고 합니다. 이런 경우는 사실 가족밖에 없습니다. 그러므로 우리는 또 다른 가족과도 같은 사람이 필요합니다.

인생은 만남의 연속이라고 하는데 코로나는 우리의 만남을 훨씬 더 실속 있게 만들어 줍니다. '나와라, 밥 한 끼 먹자'고 하는 말들, 아무 이유 없이 불러내는 쓸데없는 만남을 줄여 주기 때문입니다. 만남이 훨씬 더 계산적이 된다는 말이 아닙니다. 코로나 이전에는 어쩔 수 없이 그런 모임에 얼굴을 비추어야 했는데 이제는 핑계를 댈 수 있습니다. 코로나 핑계를 대면 누가 뭐라고 하지 않습니다. '그래도 나와라, 나보다 코로나가 더 무서운가 보지?'라고 말할 때면 솔직히 주저되기도 하지만 핑계를 댈 수 있으니 얼마나 편해졌는지 모릅니다. 코로나로 인해 이런 저런 만남은 많이 줄었지만 효율적인 만남, 그리고 알찬 만남이 늘어나고 있습니다. 온라인상으로 회의하고 만나는 것 등 말입니다. 코로나로 인해 정말로 친한 사람이 몇 사람만 있어도 되겠다는 것을 알게 되었습니다. 병 주고 약 주는 사람이 아니라 병을 주고받고, 약도 주고받을 수 있는 사람이 필요하다는 것을 알게 되었습니다.

코로나는 꼭 필요한 만남만이 아니라 그동안 우리가 전혀 만날 필요가 없던 이들, 애써 외면했던 이들을 보게 해 줍니다. 코로나는 우리 사회의 약한 고리가 어디인지를 분명하게 보여 주었습니다. 우리가 그 약한 고리를 방치했고, 이제는 그 고리를 튼튼하게 해 주는 것이야말로 우리 모두가 살아날 수 있는 길이라는 것을 확인했습니다. 코로나가 지나가고 나면 언제 이런 생각을 했냐는 듯이 잊어버리지 않기를 바랍니다. 코로나로 인해 우리는 적대적인 것과 함께 살아가야 한다는 것을 배웁니다. 동시에 우리에게 유익을 주는 사람들뿐만이 아니라 약한 이들과 함께 살아가는 것이 훨씬 더 중요하다는 것을 배웁니다.

교인들과의 관계는 어떠합니까? 교회에서 예배하면서, 모임을 가지면서 집단 감염 되었다는 소식이 종종 들립니다. 감염된 그 성도들은 코로나를 전파한 성도를 어떻게 생각할까요? 모여 예배하자고 한 당회를 어떻게 생각할까요? 아무런 불평이 없을까요? 괜히 교회에 가서 감염되었다고 생각하지는 않을까요? 우리는 교인들을 만나서 코로나에 걸려도 상관없습니까? 교인들을 만나서 코로나에 걸린 것을 자랑스럽게 생각할 필요는 없겠지만 그렇게 감염되어도 괜찮다고 생각하고 있습니까? 물론, 우리는 만날 때 조심해야지요. 지금 같은 상황에서는 성도들의 모임도 줄여야 합니다. 만나더라도 마스크를 쓰고 만나야 합니다. 하지만 성도의 교제를 누리는 관계라면 그 성도로 인해 내가 코로나에 감염되어도 상관없어야 합니다. 그것이 진정한 성도의 관계일 것입니다.

우리가 예배하기 위해 모이더라도 너무 불안해하지 않아야 합니다. 우리는 한 몸에 속해 있습니다(고전 12:12). 우리 각자의 몸이 주님의 몸을 이룹니다. 우리는 서로에게 속해 있습니다. 한 지체가 고통을 당하면 모든 지체가 함께 고통을 당합니다. 어떤 성도가 코로나에 감염되면 내가 감염된 것처럼 고통을 당합니다. 코로나에 감염된 성도는 건강한 성도를 보면서 소외감을 느끼는 것이 아니라 도리어 힘을 얻어야 합니다. 기독교인은 약한 자가 강한 자가 되고, 강한 자가 약한 자가 됩니다. 코로나로 인해 우리가 함께 만나지 못하는 날들이 많았지만 성도의 관계는 훨씬 더 강하고 깊어질 것입니다. 코로나는 우리를 멀어지게 만든 것이 아니라 우리가 하나라는 것을 더욱 더 분명하게 알게 해 주었습니다. 우리는 반드시 만나야 하고, 다른 성도가 체험하는 것은 곧 내가 체험하는 것임을 분명하게 알게 해 주었습니다. 말씀을 통해 이것을 깊이 깨달아야 하는데, 하나님께서는 코로나를 통해서 깨닫게 해 주십니다. 하나님께서 얼마나 은혜로우신 분인지 알 수 있습니다.

주일마다 교인들을 꼭 만나야 합니까?

코로나 시기라서 주일에 교우들을 만나지 못해서 너무나 서운하지만 편한 측면도 있습니다. 사실, 그동안 스트레스가 심했거든요. 그런데 주일에 교인을 꼭 만나야 한다는 말에 거부감이 들기도 합니다.

코로나 때문에 주일이 되어도 예배당에서 만날 수 없으니 참 안타깝습니다. 하지만, 가정 경건회를 가지면서 나름의 유익을 말하는 가정들이 많았습니다. 자녀들과 함께 경건회를 가지는 것이 유익하다고 말했습니다. 예배에 참석했을 때에는 자녀들이 부모들 곁에 있어도 예배에 집중하게 하기가 힘들었습니다. 설교 시간에 조는 것도 어떻게 할 수가 없었습니다. 그러나 이제는 서너 명, 네다섯 명의 가족만이 둘러 앉습니다. 자녀들이 바로 앞에 앉아 있으니, 설교문을 돌아가면서 읽으니 졸 수도 없습니다. 자녀들과 함께 설교에 대해서 조금이라도 말하고 나눌 수 있음에 좋다는 것입니다. 그렇습니다. 경건회의 유익이 바로 이런 것입니다.

가정 경건회를 하는 주일이 계속되면 어려워지겠다고 말하는 분들이 있었습니다. 시간이 갈수록 긴장도가 떨어지고, 분위기가 해이해질 것이기 때문입니다. 재택근무의 경우가 마찬가지일텐데요. 출퇴근을 하지 않아서 너무 좋았을 수 있지만 집에서 일하다 보면 거기가 집인지 직장인지 구분이 안 되는 것이 너무나 힘듭니다. 일할 때도 일하는 것 같지 않고, 쉬는 데도 쉬는 것 같지 않기 때문입니다. 어떤 청년이 재택근무한다고 했을 때 아침에 일어나서 문 밖에 나갔다가 들어오면 출근하는 것이고, 오후에 일이 마치면 다시 집 밖에 나갔다가 들어오면 집으로 퇴근하는 것이라고 말해 주었습니다. 우리는 몸을 가지고 있기 때문에 들고 나는 것을 분명하게 해 줄 필요가 있습니다.

가정 경건회 하는 주일이 길어지면서 목사인 저는 좋았습니다. 주일에 긴장하지 않아도 되었기 때문입니다. 30년 가까이 끊임없이 주일에 예배를 인도했지만 아직도 긴장이 되는 것을 어떻게 할 수가 없습니다. 그나마 예배 직전에 예배를 위임해 주는 장로님과의 악수는 큰 힘이 됩니다. 목사가 자신의 인간적인 능력과 자격으로 예배를 인도하지 않는다는 것을 알게 해 주기 때문입니다. 하나님께서 당회를 통해 예배 인도를 맡겨 주셨기 때문에 마음에 안정이 찾아옵니다. 그럼에도 불구하고 회중 앞에 서기 때문에 긴장될 수밖에 없습니다. 회중 앞에서 뭔가를 꾸며 보려는 마음이 드는 것도 사실이고 말입니다. 그래서 아무 것도 꾸밀 이유도 없고 말 한마디 한마디에 크게 신경쓰지 않아도 되는 가정 경건회가 참 좋았습니다. 가족과 함께 경건회를 가지는 것이 너무나 편했습니다. 이미 설교문은 작성되어 있고, 가족들이 돌아가면서 그냥 읽기만 하면 되기 때문입니다. 가족들 앞에서 연설하듯이 읽을 필요도 없기 때문입니다. 교인들께는 미안하지만 이렇게 가정 경건회를 계속해도 좋겠다는 생각이 들기도 했습니다.

코로나로 인해 가정 경건회를 가져 왔지만 코로나가 수그러들고 있기 때문에 우리는 다시금 모입니다. 이게 당연합니다. 주일에는 함께 모여야 합니다. 누군가 죽기 전까지는 예배당에 와서 예배하라는 말도 합니다. 저도 동의합니다. 다른 모든 일을 내려놓고 예배당에 와서 예배해야 합니다. 이게 안식일의 의미였습니다. 6일 동안에는 열심히 일해야 하지만 제7일에는 쉬어야 합니다. 쉬라는 것은 놀라는 것이 아니라 하나님을 예배하라는 것입니다. 6일 동안도 개인적으로 삶의 현장에서 예배할 수 있습니다. 그런데 쉬는 날을 정해 놓고 함께 모여 예배하는 것이 안식일의 의미입니다. 우리는 일하는 것과 안식하는 것, 노동하는 것과 예배하는 것을 구분할 필요가 있습니다. 하나님께서 구분해 놓으신 것을 혼합시켜서는 안 됩니다.

우리가 왜 주일마다 모여야 하는 것일까요? 코로나 시대에 가정 경건회를 하는 것이 차선이라고 생각하면서도 그것이 왜 임시적이라고 생각한 것일까요? 온라인 예배를 하는 것도 마찬가지이고 말입니다. 우리가 매 주일마다 모여야 하는 이유가 무엇일까요? 안식일을 지키기 위해서입니까? 맞습니다. 안식일을 지키기 위해서입니다. 유대인들에게 안식일을 지키는 것은 그들의 몸에 할례의 흔적이 새겨져 있는 것과 같이 날에 흔적이 새겨져 있는 것이었습니다. 안식일에는 문자 그대로 아무 일도 하지 않았고, 심지어 전쟁이 벌어져도 안식일에는 무기를 들지 않았습니다. 이렇게 안식일이라는 날을 지키는 것은 너무나 고리타분해 보이지만 하나님 백성됨의 가장 구체적인 표현이었습니다.

6일동안 일터에서 너무나 힘겹게 일했기에 하루만이라도 집에서 푹 쉬고 싶고, 아니면 한적한 곳으로 나가서 바람을 쏘이고 싶지만 우리는 함께 모여 예배합니다. 또 다시 사람들에게 치이는 셈입니다. 어떻게 보면 기독교인들은 쉬는 날이 없습니다. 그나마 주 5일 근무를 할 수 있는 상황이라면 조금은 낫겠지만 말입니다. 그러나 우리는 다른 날이 아닌 그리스도께서 부활하신 주일에 모여서 예배합니다. 이것이야말로 우리 기독교인들의 정체성입니다. 그 날 하루에 모든 날들과 시간들이 들어옵니다. 예배는 잊고 싶은 과거를 무시하는 것이 아니라 위태로운 현재를 껴안고 불안한 미래를 향해 힘차게 내딛는 것입니다. 그날 하루를 구별하여서 함께 모여 예배하는 것보다 기독교인 됨을 잘 나타내는 것은 없습니다.

이제 우리는 현장 예배를 하던 이전 모습으로 돌아갈 것입니다. 코로나는 우리를 결코 이전으로 돌아갈 수 없게 만들 거라고도 하지만 우리는 이전으로 돌아갈 것입니다. 처음에는 우리가 함께 모일 때 감격하며 모일 것입니다. 그동안 우리가 함께 모이지 못했기 때문입니다. 그러나 모이다 보면 그 감격도 사라지게 될 것입니다. 무덤덤해지게 될 것입니다. 습관이 될 것입니다. 아무 일도 일어나지 않았던 것처럼 평범하게 모일 것입니다. 우리가 매 주일 함께 모이는 것은 이전으로 돌아가는 것이고, 또 다른 측면에서는 이전으로 돌아가지 않는 것입니다. 우리가 함께 모이는 것은 항상 새롭게 모이는 것입니다. 매 주일마다 우리는 이 세상에서 산 것을 가지고 모이기 때문에 늘 다르게, 새롭게 모입니다. 늘 다른 우리에게 주님께서는 늘 같은 말씀을 주십니다. 우리는 가장 평범하고 반복적인 그 예배의 자리로 무심한 듯이 나아갑니다.

그러나 대단한 일이 일어나지 않더라도 예배가 우리를 새롭게 합니다. 가장 평범한 예배 자리에 우리가 함께 있다는 것이야말로 가장 큰 복을 누리는 것입니다. 코로나가 우리에게 예배를 새롭게 보게 해 주었습니다. 우리는 거리를 멀리해야 하지만 결코 나누어질 수 없이 함께 해야 한다는 것을 보게 되었습니다. 우리는 예배 자리로 나아와서 모든 사람들과 함께 합니다. 이상한 말 같지만 우리가 주일에 함께 모이는 것은 아무 목적이 없이 그냥 모이는 것입니다. 그 목적 없음이 이 세상을 향해 가장 큰 목적 의식을 부여합니다. 예배는 오래된 새 길입니다. 예배는 한결같습니다. 함께 하나님 앞에 서고, 하나님과

주일마다 교인들을 꼭 만나야 합니까?

함께 하는 것입니다. 코로나 이후의 예배가 굳이 달라야 한다면 그 평범한 예배가 예전과 다르게 서로를 향해, 세상을 향해 힘차게 나아가게 만들어 주어야 합니다.

　코로나 시대에 예배에 대한 생각을 나누고 있습니다. 모여서 예배하는 것보다 중요한 것은 흩어져서 예배하는 삶을 사는 것이라는 말이 힘을 받고 있습니다. 모여서 예배하는 것은 하나의 형식에 불과하다고 말하기까지 합니다. 그동안 우리는 모이기만 했지 제대로 흩어지지 못했다고 말합니다. 앞으로 우리는 모여서 예배하는 것을 줄여야 할까요? 매주 모일 필요가 없을까요? 적게 모이고 많이 일하면 될까요? 어떤 분이 자기 자녀가 미국에서 공부하는데 그 자녀가 다니는 교회는 주일 오전에 예배하고, 오후에는 그룹으로 나누어서 지역사회로 들어간다고 했습니다. 양로원을 찾아가고, 고아원을 찾아간다고 합니다. 물론, 그래야 할 수도 있습니다. 우리가 모여서 우리끼리 재미있게 지내는 것으로 만족해서는 안 됩니다. 하나님께서 우리를 세상으로부터 불러내신 것은 세상으로 잘 들어가라고 하시는 것입니다. 예배가 부름으로 시작한다면 파송으로 마친다는 것을 알아야 하겠습니다.

코로나 시대에 할 일이 없어 목사님이 편했죠?

코로나 시기에 제일 편한 사람은 목사님들이었겠다. 교인들을 만나지 않아도 되고, 조용히 혼자 있어도 되고 말이지.

이렇게 말하는 분들이 많은 것 같습니다. 이런 말들에 대해 답 아닌 답을 해 보려고 합니다. 코로나 시대에 목사가 할 일이 많이 줄었습니다. 주중 프로그램도 없고, 찾아오는 이들도 없기 때문입니다. 목사 자신도 누구를 찾아가기가 주저됩니다. 일주일 내내 홀로 지낼 수도 있습니다. 저도 근 30년 만에 공식적인 새벽 기도회를 몇 개월 쉬기도 했습니다. 혼자서 무엇을 하는지 어느 누구도 살피지 않습니다. 쉴 수 있다는 것이 너무나 좋다는 생각도 들었습니다. 코로나로 인해 목사들이 가장 힘든 시간을 보냈지만 1년 동안 안식년을 가진 것이라고 볼 수도 있겠습니다. 물론, 어디로 훌쩍 떠날 수 없기 때문에 안식년을 가진 것이라고 하는 것은 말에 불과하지마는, 교회의 프로그램과 행사나 일이 대부분 없어졌기 때문에 좀 쉴 수 있었다는 말입니다. 목사가 된 후 처음으로 푹 쉴 수 있었습니다.

사람 만나기를 좋아하는 목사들은 좀이 쑤셨을 것입니다. 그동안 목사는 늘 사람들에게 둘러싸여 있었습니다. 각종 모임에 많이 참석했습니다. 사람 만나는 것도 일이었습니다. 목사는 수많은 사람들을 만나고, 이런 저런 모임에도 참여하면서 지내왔습니다. 이렇게 사람들 틈에서 생활하다 보면 사람들이 좋아지고, 그래서 사람들을 더 많이 만나러 다닙니다. 교인들과의 관계가 힘들 때는 가까운 목사들을 만나서 놀러 다닙니다. 이렇게 목사들이 너무나 분주했는데 올 해는 코로나로 인해 꼼짝할 수가 없어 너무나 힘들었을 것입니다. 전화통을 붙잡고 있었는지도 모르겠습니다.

혼자 있는 시간이 많으면 자연스럽게 온라인에 몰입하게 됩니다. 목사는 세상 돌아가는 것을 알아야 한다는 핑계로, 설교 재료를 찾는다는 핑계로 온라인을 수없이 서핑합니다. 수많은 시간을 온라인에서 보냅니다. 저도 그동안 정보 검색하면서 그다지 중요하지 않은 잡다한 정보들을 많이 보곤 했습니다. 코로나가 보는 것도 바꾸어 놓았습니다. 코로나로 인해 바뀌는 세상살이에 관해 관심을 가지고 찾아보기 시작했습니다. 소위 말하는 디지털 혁명이라고 부르는 제4차 산업혁명에 관한 것들을 찾아보았습니다. 인공지능이 바꿀 세상의 모습에 관해서도 주의깊게 찾아보기 시작했습니다. 엄청난 변화를 예고하고 있었습니다. 이것을 피부로 느끼게 된 것이 나름대로의 유익이라면 유익입니다.

　목사는 작년 한 해 너무나 편해졌으면서 동시에 너무나 불안했을 것입니다. 그동안 목사는 예배 인도는 기본이고 교인들을 위한 프로그램을 열심히 만들어서 그것에 참여시켜야 한다는 생각을 많이 했습니다. 성경 공부도 많이 시켜야 하고, 기도 모임도 많이 만들고, 각종 봉사 프로그램도 많이 만들어야 한다고 생각합니다. 그렇게 교인들을 만나고 훈련시킬 때에 목사의 존재감이 드러납니다. 교인들도 목사가 자기들을 훈련시키는 것을 볼 때에 목사의 존재감을 확인합니다. 목사가 왜 필요한지가 그때 드러납니다. 하지만 코로나로 인해 이런 각종 프로그램이나 모임을 가질 수 없게 되었습니다. 그래서 목사는 불안해하면서 내가 아무것도 하지 않는데 교인들이 목사를 필요하다고 생각할지 궁금해합니다. 목사가 교인들을 위해 아무 것도 하지 않을 때에라도 목사가 필요할까요? 목사는 남을 위해 일하지 않을 때 불안합니다. 누가 자리를 빼앗는 것이 아니라 스스로 자리를 빼앗긴 느낌이 듭니다. 목사가 주일에 예배 인도마저 하지 않게 되면서 목사의 존재감이 실종되고 있습니다.

　온라인 예배를 하고 있으니 여전히 목사가 필요하고 교인들이 목사의 설교를 기다립니다. 그러나 영상으로 예배할 때 목사의 존재감은 현장 예배를 할 때보다 현저히 떨어집니다. 교인들이 예배를 잘 하고 있는지 파악하기 힘듭니다. 실시간 예배 실황을 중계할 때 접속자 수가 나오기 때문에 예배에 얼마나 참석하는지 파악할 수 있습니다. 하지만 예배에 얼마만큼 집중하는지는 알 길이 없습니다. 그러니 온라인에서는, 영상에서는 목사의 존재감이 떨어질 수밖에 없습니다. 온라인 예배를 제작하여 내보낼 수 있다면 그나마 나을 것입니다. 작은 교회들은 그렇게 할 여력이 없습니다. 예배당에 오지 못하는 교인들은 타 교회의 온라인 예배에 참여할 수밖에 없습니다. 그런 교인들은 시간이 흐르면서 자기가 속한 교회를 떠나기 쉽습니다. 상가에서 개척된 교회는 월세와 관리비가 차곡차곡 쌓이고, 교인들은 교회를 떠나기에 교회의 폐쇄를 고민할 수밖에 없습니다. 많은 목사는 주일에 텅 빈 예배당에서 홀로 예배하면서 눈물을 삼키고 있는 목사가 많을 것입니다. 코로나는 교회를 더 크게 양극화시키고, 목사는 자신의 존재감에 대해 엄청난 자괴감에 빠지고 있습니다.

영상 예배를 열심히 제작하는 교회나 목사들의 존재감이 커진 것도 아닙니다. 온라인 예배를 준비하면서 목사들의 부담감이 엄청 커졌습니다. 온라인 수업을 해야 하는 교사들도 매일반일 것입니다. 온라인 예배를 잘 제작하지 않으면 허접하게 보일 수 있습니다. 어느덧 영상을 잘 제작하는 것이 예배를 잘 하는 것이 되어가고 있습니다. 주일에 다른 교회들의 영상 예배가 수없이 올라오기 때문에 의도하지 않더라도 경쟁이 시작되었습니다. 그전에도 주일에 교인들을 실어나르는 등 교회들의 경쟁이 치열했는데, 이제는 얼마든지 손가락으로 예배를 선택할 수 있으니 경쟁이 더 치열해졌습니다. 코로나가 예배의 모습을 바꾸었을 뿐만 아니라 예배를 인도하는 목사의 불안감을 가중시키고 있습니다.

코로나로 인해 모두가 접촉을 피하고 있으므로 누구나 외로움과 소외감을 느끼기 마련인데, 목사 역시도 마찬가지입니다. 여러분이 아시듯이 저는 혼자 있는 것을 좋아해서 그렇게 힘들지 않습니다. 그래도 혼자 오래 있다 보면 사람을 만나서 이야기하고 싶은 마음이 자꾸 생깁니다. 하나님께서 코로나를 허용하신 이유 중에 하나가 바로 목사에게 사회적 거리두기가 필요해서인지도 모르겠습니다. 사람들과 재미있게 지내는 것이 목사의 직무가 아니기 때문입니다. 목사의 직무는 장로와 함께 양떼를 돌아보는 것인데 그것을 위해서 꼭 필요한 것이 바로 말씀을 생산하는 일입니다. 끊임없이 말씀을 생산할 때 그것을 가지고 교인들을 돌아볼 수 있습니다. 코로나는 목사에게 분주하지 말고 조용히 말씀을 생산하라는 하나님의 사인일지도 모릅니다.

코로나는 목사에게 홀로 설 수 있는 기회를 제공했습니다. 목사는 외톨이가 되어서는 안 되지만 독립적이어야 합니다. 국회의원 개개인이 입법 기관이라는 말이 있듯이 목사 개개인이 말씀 생산 기관입니다. 성경이 기록되면서 하나님의 계시는 중단되었지만 설교를 통해 이 시대를 살아가는 우리를 향해 하나님의 뜻이 계속해서 계시되고 있습니다. 우리는 목사가 말씀을 바르게 전했는지 아닌지를 분명하게 확인할 수 있습니다. 회중이 그리스도를 더 잘 알게 되었는지를 보면 됩니다. 따라서 목사는 분주하면 안 되고 말씀을 받을 여유가 있어야 합니다. 스케줄이 가득 채워져 있으면 말씀을 받을 수 있을 만큼 비어 있어야 합니다.

코로나로 인해 인간의 존재감이 흔들리고 있습니다. 인간이 만물의 영장이라는 말이 쑥 들어가 버렸습니다. 그 화려하고 거대한 문명이 그 작은 코로나 앞에서 찍 소리도 못하고 있으니 말입니다. 코로나는 목사의 존재감도 흔들어 놓고 있습니다. 믿으면 만사형통이라고 소리높여 외쳤던 것이 허튼 소리에 불과했다는 게 드러나고 있습니다. 교인들이 '이제는 우리에게 그렇게 큰 소리치는 목사는 필요 없다'는 생각을 하기 시작할 것입니다. 여러분은 주일에 경건회를 가지면서 목사가 없어도 되겠다는 생각을 해보진 않았습니까? 이제 대면예배, 현장 예배를 하기 시작하면서 상황이 달라졌지만 말입니다. 재난의 시기에 목사가 교인들을 위해 아무 것도 할 수 없는데 목사가 왜 존재해야 할까요? 목사는 자신의 존재감을 어디에서 찾아야 할까요? 여러분이 좀 알려주시면 좋겠습니다. ^^

제3부

코로나와 예배, 묻고 답하다

공예배가 왜 그렇게 중요한가요?

교회는 할 줄 아는 게 예배밖에 없나요?

왜 그렇게 예배에 집착하죠?

다른 종교는 그렇지 않은데 개신교회는 왜 유독 함께 모여 예배함을 고집하는지 궁금할 것입니다. 교회는 비교적 사회적 거리두기를 무시하지 않고 방역을 잘 하면서 모여 예배하려고 합니다. 그래도 한 주일이라도 모이지 않으면 큰일 날 것처럼 생각하는 것이 도무지 이해하기 어려울 것입니다. 혹자는 교인들이 모이지 않으면 헌금을 할 수 없어 교회 유지가 안 되니까 모이라고 하는 것이 아니냐고 조롱합니다. 맞습니다. 복음 사역을 포함한 예배당 유지라든지, 목회자의 생활비 지급 등은 교인들의 헌금으로 충당합니다. 하나님께서 공중에서 돈을 떨어뜨려 주시는 것이 아니니까요. 교인들이 헌금하지 않아도 교회가 유지

될 수 있다고 믿는다면 불신자들이 기독교인들보다 믿음이 더 큰 것이겠죠.

헌금 이야기를 좀 더 해 보겠습니다. 헌금은 예배의 한 요소입니다. 헌금은 복음 사역과 성도를 섬기는 일(구제)입니다(고후 8:1-5). 함께 모이지 못하면 온라인으로 예배하고 헌금한 것을 교회 계좌로 송금하면 됩니다. 하지만 함께 모여서 예배하고 예배때 헌금을 하지 않으면 헌금이 줄어들 수밖에 없습니다. 헌금이 줄어들면 예배당 유지와 목회자 생활비 지급에 어려움이 생기고, 복음과 구제 사역이 힘을 잃을 것이 뻔합니다. 실제로 우리 교회 같은 경우 십일조는 크게 줄어들지 않았는데 주일 헌금과 감사 헌금이 많이 줄어든 것을 볼 수 있습니다. 헌금을 위해 모이라고 하는 것이 아닙니다. 모여서 예배하며 복음 사역을 위해 힘껏 헌금하라는 것입니다. 이런 헌금을 조롱하는 것이야말로 참으로 악의적인 것입니다.

예배는 모임이다

예배는 다 함께 모이는 것입니다. 개인이 아니라 함께 하나님께 나아가는 것입니다(신 4:10). 혼자서는 할 수 없는 것이 예배입니다. 우리는 흔히 다 함께 모여 예배하는 것보다 하나님과의 개인적인 관계가 중요하다고 생각합니다. 아닙니다. 우리가 함께 모이지 않고서는 하나님께 나아갈 수도, 하나님을 만날 수도 없습니다. 개인적인 경건 생활이 필요하지 않다거나 그 경건 활동을 무시하는 것이 아닙니다. 이 둘을 혼돈하면 안 됩니다. 개인적인 경건 생활과 함께 모여 하는 예배를 구분해야 합니다. 우리가 함께 모일 때 하나님께서는 자기 백성을 만나 주십니다. 이단이 이단인 이유가 바로 여기에 있습니다. 그 이단의 교주라고 하는 이들은 홀로 하나님을 만나서 특별한 계시를 받았다고 주장합니다. 성경에서 말씀하지 않은 새로운 계시를 들었다고 하고, 평범한 예배에서 경험하지 못하는 특별한 체험을 했다고 주장합니다. 하나님께서는 그런 식으로 자기 백성을 만나주지 않으십니다.

예배는 공적인 모임이다

하나님은 사사로운 만남을 좋아하시는 분이 아닙니다. 공적인 모임이 끝나고 나서는, 몇몇 친한 이들끼리 만나 공적인 결정조차 무력화시키고 더 깊은 이야기를 나누는 그런 모습을 싫어하십니다. 하나님은 개개인의 하나님이 아니라 자기 백성의 하나님이시기 때문입니다(마 1:21). 하나님은 우리가 사사로이 접촉하려고 할 때가 아닌 주의 백성이 함께 모일 때에 만나 주십니다. 다 함께 모일 때에 하나님께서 찾아와 말씀하시고, 자신을 내어 주십니다. 하나님은 공개적으로 그리고 공적으로 자기 백성을 만나 주십니다. 이것이 바로 예배입니다. 그래서 '공예배'(公禮拜)라고 부릅니다. 이 공(公)예배는 함께 함(共)으로부터 출발합니다. 공예배는 아주 단순합니다. 사사로운 것이 아닌 공적인 것이고, 홀로 있는 것이 아닌 함께 모이는 것입니다. 공예배는 개인의 경건 활동과 다릅니다. 주일의 공예배는 너무 천편일률적이고 형식적이기에 개인의 경건 활동이 더 중요하다고 말하는 것은 매우 큰 착각입니다.

예배는 직분자를 통한 공적인 모임이다

예배는 하나님께서 공적으로 은혜를 베푸시는 방편이기에 '직분자의 역할'이 무엇보다 중요합니다(딤후 2:1-2). 직분자는 하나님께서 자기 백성에게 베푸시는 은혜를 시위합니다. 은혜의 방편인 말씀과 성례가 다름 아닌 예배에 자리하고 있어야 하는 이유가 바로 여기에 있습니다. 지나친 단순화이기는 한데 로마 가톨릭은 말씀 없이 성례만 베풀었다면 우리 개신교회는 성례 없이 말씀만 강조합니다. 성경의 표현을 빌리자면 '이것도 행하고 저것도 버리지 말아야 합니다'(마 23:23). 직분자는 말씀과 성례를 베풀어 하나님의 은혜를 풍성하게 나타내야 합니다. 신자들끼리 모여서 성경 읽고 그 말씀을 나누며 기도하는 것도 중요하지만 하나님께서는 그리스도께서 이루신 구원 사역을 직분자를 통해서 나타내 보이기를 원하십니다. 회중은 예배에서 성령 충만한 말씀의 직분자를 통해 하나님께서 베푸시는 풍성한 은혜를 누립니다.

예배는 직분자를 통한 공적인 모임이며 교제이다

우리는 예배를 구약 시대의 제사에 비유하여 제물을 바치는 것에 집중하지만 예배는 하나님과 그분의 백성, 즉 회중이 함께 만나는 교제입니다(행 2:42; 고전 1:9). 예배는 교제이기에 나눔이 있습니다. 하나님과 그 백성 사이의 나눔이 있습니다. 그래서 예배를 언약적이라고 부릅니다. 하나님께서 찾아오시고, 우리는 부르시고 찾아오시는 하나님께 나아갑니다. 쌍방 교통입니다. 우리는 하나님께 드리기 전에 하나님께로부터 받습니다. 예배는 받는 것에서 시작됩니다. 우리는 받은 것을 가지고 하나님께 올려드리고, 성도들과 함께 나눕니다. 이것이 예배입니다.

　기독교회의 예배는 우리의 종교성을 자극하고 발휘하는 것이 아니라 하나님께서 자기 백성에게 은혜를 베푸시고 나타내시는 방편입니다. 요컨대 예배는 종교성의 발휘가 아니라 은혜의 발현입니다. 교회가 예배를 만든 것이 아니라 하나님께서 예배를 선물로 주셨습니다. 예배할 때 교회가 교회 됩니다. 모든 종교가, 심지어 세상 모든 사람들이 무언가를 예배하지만 교회의 예배는 근본적으로 다른 예배입니다. 구원받은 회중이 오직 하나님을 기뻐하고 하나님과 교제하는 것이 예배입니다. 이 공예배를 통해 삶으로까지 이어지는 합당한 예배가 시작됩니다(롬 12:1-2). 교회는 예배만 잘해도 됩니다. 교회는 예배를 포기할 수 없습니다. 예배하지 않으면 교회는 존재할 이유가 없습니다. 우리는 하나님과 공적으로 만나는 이 예배를 끝까지 지켜내야 합니다.

목사 없이 예배하면 안 되나요?

Q16

목사 없이 왜 예배할 수 없나요? 성숙한 교인이라면 목사의 손아귀에서 벗어나야 하지 않나요? 종교개혁은 만인 제사장직을 주장했는데, 우리 개신교회가 다시 로마 가톨릭으로 돌아가려고 하는 건가요?

경건회라면 혼자서 해도 됩니다. 몇몇 성도들이 모여서 기도회를 가질 수 있습니다. 하지만 공예배는 회중이 모인다고 해도 진행될 수 없습니다. 목사가 없으면 예배 할 수 없습니다. 성직주의를 주장함이 아닙니다. 선교지 같은 특수한 형편에서는 직분자 없이 예배를 하기도 합니다. 그러나 직분자를 세웠고, 그 직분자가 교회를 섬기고 있는 한 회중은 직분자를 통해 공예배를 합니다. 하나님께서 예배를 섬기라고 직분을 주셨다는 말입니다. 이것이 바로 하나님께서 일하시는 방식이요, 자기 백성과 교제하시는 방식입니다.

우리는 직분자를 통해 하나님을 예배한다

우리와 하나님 사이에 중보자가 있어야 합니다. 회중은 직분자를 통해서 하나님께 나아갑니다. 하나님께서도 직분자를 통해서 자기 백성에게 다가오십니다. 구약 시대 모세의 경우를 생각해 보면 분명하게 알 수 있습니다. 시내산에 하나님께서 강림하시고 음성을 발하시기 시작하자 백성들은 너무 두려워 모세에게 찾아가서 말합니다. 당신이 하나님 음성을 듣고 와서 우리에게 전해 달라고 말입니다(신 5:22-27). 하나님의 음성을 직접 듣는 것을 감당할 수 없었기 때문입니다.

신약 시대라고 해서 달라진 것은 없습니다. 하나님께서 자기 아드님을 직분자로 보내어 주셨습니다. 우리 주 예수 그리스도입니다. 우리는 예수 그리스도를 통해서만 하나님께 나아갈 수 있습니다. 그리스도를 통하지 않고 직접 하나님을 만나려고 하는 것은 신비주의입니다. 신비주의로 하나님을 만나려고 하면 태양을 직접 보려고 하는 것처럼 눈이 멀 수밖에 없습니다. 하나님을 만나도 우리가 다치지 않도록 중보자로 오신 분이 예수 그리스도입니다. 직분자 그리스도께서는 자신이 수행하신 직분의 성취를 인간 직분자에게 맡기십니다. 모든 직분은 그리스도를 대신하는 직분입니다.

목사는 예배 전체를 인도한다

목사는 예배 전체를 인도합니다. 목사는 '기도 인도자'입니다(빌 1:9-11; 엡 1:16-19). 예배에서 목사가 설교 전에 성령의 조명을 구하는 기도를 하고, 설교 후에도 설교를 요약하는 기도를 합니다. 목사가 하는 대표적인 기도는 '목회기도'입니다. 유럽의 개혁교회에서는 이 기도를 '기독교의 모든 필요를 구하는 기도'라고 이름 붙이기도 했습니다. 목사는 온 회중, 온 교회의 필요를 하나님께 아룁니다. 회중은 이 기도를 통해 하나님께 어떻게, 무엇을 구해야 하는지 알 수 있습니다.

또한 목사는 '찬송 인도자'입니다(엡 5:19; 골 3:16). 교회마다 찬송 인도자가 있고 찬양대가 있기도 한데 예배찬송의 인도자는 다름 아닌 목사입니다. 찬송을 얼마나 잘 부르느냐의 문제가 아닙니다. 찬송은 영과 마음으로 해야 하기 때문입니다(고전 14:15). 고대로부터 예배 시에 시편찬송을 했다는 것도 알면 좋겠습니다. 목사는 회중의 찬양을 앞서 인도해야 합니다.

목사는 또한 '설교자'입니다(딤후 4:2). 목사는 예배에서 하나님의 입이 됩니다. 신자라면 누구든지 성경을 묵상합니다. 큐티라고 부르는 것 말입니다. 목사도 이것에 예외일 수 없습니다. 하지만 예배에서의 설교는 하나님 말씀의 공적인 선포입니다. 종교개혁자들은 목사의 설교가 지금도 계속되는 예언의 말씀이라고 주장했습니다. 성경만이 아니라 설교도 하나님의 말씀이라고 불렀습니다.

마지막으로, 목사는 '성례 집례자'입니다(행 2:38, 42, 46). 예배에는 은혜의 방편이 있어야 하기 때문에 말씀만이 아니라 성례도 있어야 합니다. 세례는 매 주일마다 할 수 없지만 성찬은 매 주일 해도 됩니다. 우리는 로마 가톨릭에 대한 반동 때문에 성찬식을 자주 하지 않게 되었습니다. 너무나 아쉬운 일이 아닐 수 없습니다. 목사는 자신이 성례 집례자라는 것을 잘 알아야 합니다. 목사는 말씀을 들려줄 뿐만 아니라 보여줄 수도 있습니다.

장로는 예배를 보호한다

장로는 다스리는 사역자입니다(딤전 5:17). 장로는 목사와 함께 당회를 이루고 당회는 예배를 책임집니다. 장로는 울타리를 치는 역할을 합니다. 그리고 예배에서는 하나님의 손이 됩니다. 그 손으로 막아서는 역할을 합니다. 그리고 그 손으로 가리키면서 잘 인도하는 역할을 합니다. 우선, 장로는 '설교단'을 보호합니다(행 20:28-30). 설교단에서 이단 사설이 전해지지 않도록 해야 합니다. 그러기 위해 하나님 말씀에 대한 분별력이 있어야 합니다.

장로는 성례를 보호해야 합니다. 장로는 목사와 함께 세례받을 사람을 교육하고 문답합니다. 즉, 장로는 '세례기'를 보호합니다(롬 6:3-4; 갈 3:27; 엡 4:5; 히 6:2; 벧전 3:21). 함부로 세례받지 못하도록 해야 합니다. 세례받은 사람은 그리스도와 함께 죽고 살아나기 때문에 이전의 삶과는 완전히 다른 삶을 살 수밖에 없습니다.

마지막으로, 장로는 '성찬상'을 보호해야 합니다(고전 10:21; 11:28-29). 성찬상을 더럽히는 이들이 참여하지 못하도록 막아야 합니다. 그러기 위해서 심방을 하여 교인들의 삶을 살핍니다. 그들이 성찬상에 나아오지 못하게 하는 모든 죄를 제거하도록 권면하고 책망합니다.

집사(권사)는 예배의 환경을 조성한다

집사(권사)도 예배를 위해 부름받았습니다. 고대로부터 집사는 예배가 잘 드려질 수 있도록 예배 전체의 분위기를 잡았습니다. 예배에서 집사는 하나님의 눈과 발이라고 할 수 있습니다. 고대로부터 모든 세대가 다 함께 예배했기 때문에 집사들이 돌아다니면서 조는 아이들과 교인들을 깨워서 예배를 잘 할 수 있도록 환경을 조성했습니다.

집사가 맡고 있는 성구(聖具)가 '연보함'입니다(행 6:1-3). 집사는 긍휼의 사역자이기에 연보함을 맡고 있습니다. 집사는 연보 위원인 것 정도가 아니라 교인들 한 사람, 한 사람의 형편을 구체적으로 살피는 사람입니다. 연약한 이들에게 필요한 구체적인 긍휼을 베풉니다. 육체적으로, 경제적으로, 정서적으로 소외되는 이들이 없도록 돌아보아야 합니다. 이런 집사(권사)가 없이는 예배가 제대로 드려질 수 없습니다.

코로나 시대에 직분자의 존재감이 미미해졌습니까? 현장 예배를 할 수 없게 되어 직분자의 역할이 축소되고 사라진 것이 아닙니다. 예배 안에서 회중을 섬긴 직분자들은 예배 밖에서도 회중을 섬깁니다. 목사는 말씀으로 성도를 가르치고(행 20:20), 장로는 심방을 통해 성도를 다스리고(약 5:14), 집사(권사)는 성도의 형편을 살펴 긍휼을 베풉니다(행 6:1-3). 직분자들의 돌봄을 잘 받은 회중이 함께 하나님께 나아가면 아름답고 복된 예배가 됩니다. 코로나 시대에도 우리는 직분자들을 통해 합당한 예배를 할 수 있습니다. 코로나 시대에 직분자의 존재감이 없어진 것이 아니라 직분자의 역할이 더 중요해졌습니다.

온라인 예배가 대세가 되지 않을까요?

지금 같은 상황이 계속되면 온라인 예배는 대세가 될 것 같습니다.

저는 '시대가 변했으니 이제부터는 온라인 예배는 대세가 되어야 한다'라는 말로 들렸습니다. 그렇습니다. 코로나 시대에 최고로 활성화된 것이 바로 온라인 예배입니다. 함께 모여 예배할 수 없으니 그 대안으로 온라인 예배가 자리를 잡아가고 있습니다. 이전에도 온라인 예배가 없었던 것은 아니지만 코로나가 온라인 예배를 가속화했습니다. 이제는 대면예배, 비대면예배라는 표현으로 예배를 구분하고 있지만 현장 예배, 온라인 예배라는 표현이 더 분명하지 않을까 합니다. 과연 온라인 예배가 대세가 될까요? 그것이 바람직할까요? 온라인 예배가 교회를 개혁하는 방편이 될 수 있을까요?

우리는 온라인의 혜택을 누리고 있다

중세에 페스트가 유행할 때, 그리고 심지어 제1차 세계 대전 이후 스페인 독감이 유행할 때를 생각해 보십시오. 전염병 대유행으로 함께 모여 예배할 수 없게 되자 성직자나 목사가 교인들을 일일이 찾아갈 수밖에 없었습니다. 사실, 찾아가려고 해도 찾아갈 수 없었습니다. 접근이 불가능했기 때문입니다. 지금도 마찬가지입니다. 코로나의 지역사회 감염이 광범위하게 확산되면서부터 주일에 예배당에 갈 수 없게 되었습니다. 갈 수 없게 되었다기보다는 가서는 안 되었다고 말해야 할지 모르겠습니다. 목사도 교인들을 찾아가는 것이 부담스러워졌습니다.

달라진 것이 있습니다. 코로나19 팬데믹이 유행하고 있지만 우리는 온라인 덕분에 예배를 계속할 수 있게 되었습니다. 온라인이 없을 때는 예배당을 찾아가지 않으면 예배할 수 없었는데 그 제약이 사라졌습니다. 이제 교인들은 집에서 온라인으로 전송되는 예배 실황에 참여하면 됩니다. 처음에는 매우 어색하고 힘들었을 것입니다. 그러나 서서히 온라인 예배에 익숙해지다보니 이것도 괜찮다고 생각하는 성도들이 늘어가고 있습니다. 현장 예배와 온라인 예배가 크게 차이 나지 않는다고 느낄 수도 있습니다. 함께 모여 예배할 수 없는데 온라인으로 예배에 참여할 수 있으니 얼마나 감사합니까? 우리는 온라인 시스템을 만든 이들에게 감사해야 합니다.

코로나 사태가 부추기기는 했지만 교회마다 온라인 프로그램이나 콘텐츠를 만들기 위해 박차를 가하고 있습니다. 온라인상에서 대부분의 일이 이루어질 수밖에 없는 시대가 되었기 때문입니다. 청년들을 위해서는 더더욱 이런 온라인 프로그램이 필요합니다. 온생명교회의 경우에도 함께 모일 수 없는 상황에서 온라인으로 결혼식 교육, 유아세례 교육을 하기도 했습니다. 온라인으로 중고등부 친구들과 교회사 공부도 하고 있습니다. 성도들과 책 읽기 모임을 할 때 SNS를 적극적으로 활용합니다. 함께 모이기 위해 서로 시간을 맞추고 먼 거리를 이동해야 하는 것이 정말 힘든데, 온라인으로 모이면 너무나 편리합니다.

온라인 예배를 되돌리기 힘들 것이다

온라인 예배의 장점은 한두 가지가 아닙니다. 어디서든지 실시간으로 접속할 수 있다는 것이 가장 큰 장점입니다. 교회에서 거리가 먼 성도들의 경우, 주일에 차를 몰고 예배에 참석하거나 대중교통을 이용하여 예배 참석하는 것이 너무나 힘들었습니다. 그런데 온라인 예배 덕분에 타 교회를 찾아다니지 않아도 되고 주일에 여유가 생겼을 뿐만 아니라 주일이 말 그대로 안식일이 된 것 같은 느낌도 받는다고 합니다. 일시적이기는 하겠지만 말입니다. 많은 성도들은 다른 성도들을 보지 못하고 함께 한 장소에서 예배하지 못하는 안타까움을 토로하고 있지만 어떤 분들은 온라인으로 예배하는 것에 익숙해져 있기에 그것을 되돌리기는 너무나 힘들어 보입니다.

코로나는 청년들의 예배 행태를 심각하게 바꾸어 놓을 것입니다. 그들은 온라인에 이미 익숙해져 있습니다. 온라인을 오프라인보다 더 생생한 현실이라고 생각합니다. 기성세대는 가상 현실을 인정하지 않지만 청년들은 전혀 다르게 생각합니다. 가상 현실을 통해 훨씬 더 생생하게 현실을 체험할 수 있다고 생각합니다. 청년들은 이제 굳이 예배당으로 가서 예배하는 것보다는 온라인 예배에 참여하는 것을 선호할 것입니다. 그렇다고 청년들이 오프라인 모임을 완전히 기피하는 것이 아닙니다. 온라인에서 자주 모이고, 사람이 그리워지면 주중에 한 번씩 오프라인으로 모입니다. 그렇게 느슨한 연대를 이루는 것이 피곤한 세상에서 잘 사는 길이라고 생각합니다. 온라인 예배의 편리성과 생생함을 느끼는 세대를 향해 오프라인에서 매 주일 함께 모여 예배하는 것이 훨씬 더 유익하고 생생하다는 것을 어떻게 설득할 수 있을지가 관건입니다.

온라인 예배가 현장 예배를 대체할 수 없다

하나님은 시공간의 제약을 받지 않으시니 온라인을 통해 자기 백성을 만나주실 수 있습니다. 온라인은 오프라인보다 훨씬 더 생생하다고 느낄 수도 있습니다. 화면을 확대할 수 있고, 볼륨을 크게 키울 수도 있기 때문입니다. 재생할 수도 있고요. 하지만 온라인은 가상일 수밖에 없습니다. 거기서는 우리의 몸들이 실제로 부딪히는 것은 없습니다. 그렇다고 영상 자체가 가짜라는 말이 아닙니다. 실제로 예배하는 장면을 전송받아 보고, 듣고 있기 때문입니다. 하지만 거기에 접속은 있어도 접촉은 없습니다. 요즘 온라인 수업에 활용되어 유명해진 프로그램 중에 하나가 ZOOM입니다. 그러나 이 ZOOM으로 대화하더라도 완벽한 대화가 이루어질 수 없습니다. 0.04초의 시간차가 존재하기 때문입니다. 사람은 그 미세한 차이로 인해 완벽한 대화를 할 수 없습니다. 실시간 영상 대화 기술은 훨씬 더 발전해야 합니다.

온라인 예배는 비상 상황에서의 임시 조치입니다. 그것은 뉴노멀(New Normal)이 아니라 뉴앱노멀(New Abnormal)이라고 불러야 할 것입니다. 온라인에서 수많은 일들이 벌어지고 있지만 우리는 오프라인에서 함께 모이는 것이 얼마나 중요한지, 그리고 함께 모여 예배할 때에 어떤 일이 일어나는지 잘 알아야 합니다. 웃기는 이야기 같지만 사람들이 왜 그렇게 저축보다 부동산에 눈독을 들이는지 알아야 합니다. 이자율의 문제가 아닙니다. 사람은 영적인 존재이면서 동시에 물질적인 존재입니다. 물리적인 공간과 시간, 의례를 떠나서 우리는 존재할 수가 없습니다. 영적인 예배는 가장 물질적인 예배입니다.

공예배는 다른 어떤 온라인 프로그램으로도 대체할 수 없습니다. 공예배는 하나님께서 회중에게 필요한 모든 은혜를 공급하시기 위해 계획하신 유일한 프로그램입니다. 공예배는 혼자서 그리고 여럿이서 하는 경건회가 아니라 모든 성도가 한 시에, 한 공간에서(혹 물리적인 이유로 조금 떨어진 공간에서 모여도) 함께 하는 공적인 모임입니다. 공예배를 제대로 경험하기 위해서라도 개체 교회는 그 규모를 잘게 나누어야 합니다. 우리는 온라인상에서 함께 모일 수 있지만 피치 못할 상황이 아니라면 우리의 몸을 끌고 와서 함께 모여야 합니다. 온라인상에서 훨씬 자유롭고 편함을 누리면서도, 힘들여서 함께 모였는데 그 예배에서 소외감을 느낀다면 그것만큼 안타까운 것이 없습니다.

맞춤형 예배를 속히 만들어야 하지 않을까요?

Q18

개인별 맞춤형 예배가 나오면 좋지 않을까요? 현재 예배 모습은 너무나 일반적이고 대중적이어서요. 요즘 같은 시대에 맞춤형 예배를 만들어야 교인들이 관심을 가질 거예요.

우리가 사는 시대는 집단주의가 아니라 개인주의가 성행하고 있으니 당연히 나올 수 있는 질문입니다. 이런 생각은 인공지능의 발전으로 인해 가능할 뿐만 아니라 지향해야 하는 것으로까지 생각하는 이들도 많습니다. 예배는 회중 전체를 향한 것이기에 어느 계층과 세대도 만족시키지 못하는 형식적인 의식에 불과하다고 생각합니다. 그래서 교인들은 예배가 끝나고 나서 있는 각종 봉사의 자리나 그룹별 모임을 더 기대하며 예배 자리에 앉아 있기도 합니다. 과연 개인별 맞춤형 예배가 나올 수 있을까요? 가능성은 차치하고 그것이 바람직한 것일까요?

예배는 대상을 제한하지 않아야 한다

원래 공예배는 회중 전체가 하나님 앞에 서는 것입니다. 세대를 나누면 안됩니다. 성경을 통해 확인해보면 모든 예배는 세대 통합 예배였습니다. 하나님께서는 이스라엘 자손의 아이까지 함께 모여 율법을 들으라고 하셨습니다(신 31:12). 느헤미야는 이 말씀대로 회중 전체를 모으고 율법책을 낭독했습니다(느 8:2-3). 민수기를 보면 인구조사를 할 때는 20세 이상의 남자들만 조사했습니다. 전쟁에 나갈 사람을 계수했기 때문입니다. 이것은 교회가 전투하는 교회라는 것을 잘 보여주는 예입니다. 그런데 그들이 예배하기 위해 하나님 앞에 설 때는 세대 성별 불문하고 함께 서야 했습니다.

예배를 공예배라고 부르는 이유는 그것이 공개적일 뿐만 아니라 공적이기 때문입니다. 하나님의 백성들은 함께 하나님 앞에 서야 합니다(신 4:10). 하나님 앞에 함께 서는 것에서 제외해야 할 사람은 없습니다. 어린아이라고 제외해서는 안 됩니다. 교회마다 유아실이 있어 유아를 둔 부모가 그 곳에 들어가서 예배합니다. 유아들이 울고 소리치는 것으로 인해 예배하는 다른 성도들에게 방해가 되기 때문에 따로 분리된 공간을 두었습니다. 하지만 유아들이 예배에서 제외되어서는 안 됩니다. 가능하다면, 아니 방법을 찾아서 모든 세대가 함께 예배하면 좋겠습니다. 그것이 바로 공예배의 의미입니다. 어느 누구도 배제하지 않는 것 말입니다.

세대별 맞춤형 예배를 지양해야 한다

한국 교회가 그동안 너무나 빨리 성장해왔기 때문에 예배당은 그 성장을 따라잡지 못했습니다. 그래서 예배당을 계속해서 증축해 왔습니다. 그러는 동안 자연스럽게 예배를 여러 번 하게 되었습니다. 1부, 2부, 3부 예배 등으로 나누었습니다. 예배가 이렇게 나누어지면서 교인들은 함께 하나님께 나아간다는 생각을 하지 못하게 되었습니다. 예배를 여러 번 하더라도 담임목사가 한 사람이고, 동일한 설교를 하기 때문에 혹 하나됨을 느낄지 모르겠지만 이렇게 잘게 나누어진 예배는 한 회중임을 느끼기 힘듭니다. 아이러니하게도 이제는 온라인 예배가 교인들을 하나로 묶어가고 있습니다. 예배를 한 번에 할 수 있기 때문입니다.

한국 교회는 오래전부터 세대별 맞춤형 예배를 하고 있습니다. 한국 교회의 성장 비결에는 세대를 잘게 나누고 그 세대에 맞는 예배를 하고, 그 세대에 맞는 교육을 함에 있습니다. 어린이 예배와 중고등부 예배와 청년 예배를 만들었습니다. 초등학생까지는 어쩔 수 없다고 하더라도 중학교에 올라가면서부터는 어른들과 함께 예배해야 하는데 이제는 청년이 되고 결혼을 해도 공예배에 참석하지 않으려고 합니다. 비슷한 연령대의 사람들이 함께 예배해야 예배다운 예배를 할 수 있다고도 생각합니다. 그렇게 나뉘는 데 있어 중요한 것이 찬송이기도 합니다. 현재는 어른들이 부르는 찬송, 청년들이 부르는 찬송 그리고 청소년들이 부르는 찬송이 나누어져 있습니다. 이렇게 세대별로 잘게 나누어서 하는 것을 공예배라고 부르기 힘듭니다. 하나님 앞에 함께 나아가는 예배마저 효율성의 관점에서 생각하면 안됩니다. 모든 세대가 함께 하나님께 나아가지 않는 한 신앙의 전수가 힘들어집니다.

개인별 맞춤형 설교는 예배의 사유화를 부추길 것이다

우리 개신교인들은 예배에 참석하면서 무엇보다 설교에 대한 기대를 많이 합니다. 예배를 인도하는 목사도 설교를 가장 신경 쓰고요. 교인들은 그 설교가 회중 전체를 향한 말씀이기보다는 나 자신에게 특화된 말씀이면 좋겠다고 생각합니다. 목사의 설교가 나 자신에게 하는 설교이기를 바라는 건 잘못이 아닙니다. 설교를 들으면서 '저 부분은 누구 누구가 잘 들어야 하는 말씀인데'라고 하는 생각보다는 낫습니다. 하지만 이렇게 개인주의적인 방식으로 말씀을 받으면 아무리 큰 은혜를 받았다고 생각하더라도 우리의 삶이 이기적이 될 수밖에 없습니다. 공적인 말씀을 사유화하려는 것이기 때문입니다.

예배는 함께 하나님께 나아가는 것이고, 함께 하나님의 말씀을 듣는 것임을 잊지 말아야 합니다. 설교는 성경 주해로 그치는 것이 아니라 말씀의 적용이어야 하는데, 그 적용은 구체적인 것을 넘어서 총체적이어야 합니다. 몇몇 이들에게만 유효한 것이 아니라 하나님의 자녀라면 누구든지 적용할 수 있는 말씀이어야 합니다(살전 2:13). 예를 들면 부자는 그 설교에 아멘이라고 하는데, 가난한 사람들은 노멘(?)이라고 한다면 하나님의 말씀이 선포된 것이 아닙니다. 이제는 인공지능이 나에게 딱 맞는 설교를 제공하는 시대가 올 것입니다. 그런 것을 기대하는 이들도 있겠지만 그것은 하나님의 말씀일 수가 없습니다. 나 개인에게만 딱 맞는 말씀이란 없습니다.

예배는 회중이 하나로 어우러지는 공적인 일이다

개신 교단마다 독특한 예배 순서와 모습을 가지고 있습니다. 개신교회 안에서도 통일이 되어 있지 않고 교단마다 차이가 많이 납니다. 어떤 교회의 예배에 참여하면 그동안 내가 하던 예배와는 너무나 다르다는 것을 경험합니다. 고백이 달라서 그럴 것입니다. 그렇기 때문에 더더욱 우리의 예배는 공교회적인 예배여야 합니다. 같은 교단에 속해 있다면 예배가 통일성 있어야 합니다. 교회가 공교회이듯이 예배는 공예배여야 합니다. 쉽게 말하자면 예배에는 보편성이 있어야 한다는 것입니다. 노인과 여성을 은근히 무시하는 예배, 청년과 아이들을 노골적으로 쫓아내는 예배라면 공예배가 아닙니다.

예배는 사사로운 것이 아니라 공적인 일입니다. 아무리 작은 교회의 예배이고 어설프다고 하더라도 온 세계에 지상 중계를 해도 되는 가장 중요한 공공재(公共財)입니다. 예배는 전 역사에 걸친 주의 모든 백성들과 함께 하는 것입니다(계 5:9-10). 개체 교회의 예배는 모든 교회의 예배, 심지어 피조물 전체의 예배를 대표하고 있습니다(계 5:13). 예배는 개인에게 즐거움을 주는 것이 아니라 공공의 유익을 위한 공영 방송과 같습니다.

예배라는 공공재가 아니고서는 우리는 사사로운 욕망 추구를 그칠 수 없을 것입니다. 세대별, 관심사별 맞춤형 예배가 아니라 함께 모여 하나로 어우러지는 공예배만이 우리를 더불어 살아가는 사람으로 만들고, 그 결과 이 세상을 통합시킬 수 있습니다.

앞으로 상가 교회에서 예배하려고 할까요?

코로나로 인해 상가 교회는 문을 닫게 생겼습니다. 교인들이 예배하러 오지 않을 뿐만 아니라 교회를 많이 떠났습니다. 다시 돌아올 것 같지 않습니다. 새로운 교인들도 결코 상가 교회를 찾지 않을 것입니다.

맞습니다. 코로나로 상가 교회가 직격탄을 맞았습니다. 기존 교인들은 고사하고 예배하려고 찾아오는 사람들이 아예 없으니 너무나 걱정될 것입니다. 안 그래도 상가 교회는 힘들었는데 이제는 어느 누구도 상가 교회를 찾지 않을 것이라는 생각에 너무나 막막합니다. 월세를 내지 못해서라도 교회 문을 닫아야 하겠다고 걱정하는 교회들이 많습니다. 코로나는 중소형 교회, 특히 수많은 상가 미자립 교회를 집어 삼켜 버리지 않을까요? 이제 교인들이 상가 교회에서 예배하려고 할까요? 상가 교회가 살아날 길이 있을까요?

상가 교회에서 확진자가 많이 나왔다는 것은 오해이다

개척 교회의 소모임에서 확진자가 많이 나온 것은 사실입니다. 특히나 은사 모임을 하면서 확진자가 많이 나왔습니다. 안수하면서 병이 낫기를 위해 기도하는 와중에 확진자가 생긴 경우가 여럿 됩니다. 은사 집회를 통해 병을 고치려고 했으니 은사자는 마스크를 벗고 침을 튀겨가면서 크게 외치고 기도했을 것이고, 당연히 코로나가 확산될 가능성이 컸습니다. 그러니 상가 교회에서 확진자가 많이 나온 것이 아니라 은사 운동을 하던 소그룹 모임에서 확진자가 많이 나왔다고 말해야 합니다. 자신은 코로나에 걸리지 않을 거라고 생각하며 침을 튀겨가면서 열렬히 기도한 것이 얼마나 비신앙적인지 모릅니다.

개척 교회 목회자들, 그리고 상가 교회들의 소모임에서 코로나 확진자가 많이 나왔기에 사람들은 상가 교회를 꺼릴 수 있습니다. 안 그래도 한국 교인들은 상가 교회에 출석하기를 꺼립니다. 예전에는 상가 교회에 출석하면서 헌신하는 경우가 많았지만 이제는 상가의 좁은 공간을 빌려서 예배하는 교회를 꺼립니다. 코로나 상황에서 더더욱 상가 교회를 꺼릴 수 있습니다. 가뜩이나 상가 교회의 분위기가 좋지 않다고 생각하고 있었는데 이제는 위험하다는 느낌마저 가질 수 있기 때문입니다. 전 세계가 다 마찬가지겠지만 신앙인이라도 안전이 가장 중요한 고려 사항이 되었습니다. 상가 교회는 이중 삼중의 어려움에 처했다고 볼 수 있습니다.

작은 공간에서의 예배가 더 안전하다

코로나 상황에서 3밀을 피해야 한다는 말이 유행하고 있습니다. 밀폐, 밀집, 밀접을 피해야 한다는 것입니다. 맞습니다. 밀폐된 공간에서 밀집된 상황에서 밀접 접촉을 하면 코로나 감염의 위험은 급속도로 올라갑니다. 상가 교회, 특히 지하실에 있는 교회는 더 큰 어려움에 처했습니다. 지하실은 환기 시설이 잘 되어 있지 않기 때문입니다. 지하실에 있는 예배당은 밀폐되어 있다고 할 수 있기에 더더욱 신경 써야 합니다. 이제는 환기 시설을 더 잘 갖추어야 합니다. 그렇지 않으면 교인들이 그런 지하실을 아예 찾지 않을 것입니다.

그런데 잘 생각해 보면 상가 교회 같은 작은 공간에서의 예배가 더 안전할 수 있습니다. 공간이 넓다고 해서 코로나 감염의 위험이 줄어드는 것이 아닙니다. 코로나 시대에 대규모 공연이 거의 폐지되었습니다. 넓은 공간을 방역하는 것은 그만큼 어렵기 때문입니다. 하지만 소극장의 공연은 계속 되고 있습니다. 소규모 공간은 방역만 잘하면 훨씬 안전하기 때문입니다. 그것처럼 상가의 작은 예배당에서 하는 예배가 훨씬 더 안전할 수 있습니다. 코로나가 장기화되면 대형 공간에 대한 선호가 오히려 작은 공간에서 이루어지는 모임 쪽으로 기울어질 것입니다. 상가 교회가 작은 공간을 잘 꾸미기만 하면 회중이 안전함을 느낄 것입니다.

코로나는 단정한 예배를 찾는 계기가 될 것이다

한국 교회 예배가 점차로 화려해졌습니다. 대표적인 것이 성가대입니다. 성가대라는 것은 로마 가톨릭 용어이기에 우리는 찬양대라고 부르는 것이 좋겠습니다. 개혁자들은 성직자 단이었던 성가대를 없애고, 찬송을 회중의 입에 넣어 주었습니다. 종교개혁자들의 예배 찬송은 항상 회중 찬송이었습니다. 예배 때 입을 닫고 있던 회중이 이제는 자기들 말로 찬송하기 시작했습니다. 이것이 바로 종교개혁이었습니다. 개신교회에 찬양대가 생긴 것은 훨씬 이후의 일입니다. 이제는 교회마다 성가대가 있을 뿐만 아니라 그 규모가 커지고 화려해졌습니다. 오케스트라도 동원됩니다. 하지만, 코로나 시대에 그 큰 찬양대가 무용지물이 되고 있습니다. 화려한 찬양대가 예배에서 필수적인 요소가 아니라는 것을 깨닫고 있습니다. 찬양대의 주된 역할은 회중의 예배 찬양을 도와 함께 찬송하는 것임을 알아야겠습니다.

코로나는 찬양대뿐만 아니라 예배를 공연처럼 구성하는 것에도 제동을 걸었습니다. 이제 우리는 예배를 조용하게 해야 합니다. 침을 튀기는 것을 조심해야 하기에 마스크를 써야 할 뿐만 아니라 조용 조용 예배해야 합니다. 이것은 예배를 단정하게 할 수 있는 계기가 될 것입니다. 로마 가톨릭의 예배는 보는 예배이고, 우리 개신교회의 예배는 듣는 예배인데, 그 듣는 예배에 집중할 수 있게 되었습니다. 온라인 예배로 전환되었기에 보는 예배로 바뀌어 가고 있지만 보는 가운데서도 듣는 것이 무엇보다 중요합니다. 말씀이 어떻게 선포되고, 말씀을 어떻게 듣느냐가 중요합니다. 말씀이 분명하게 선포되고 잘 들려진다면 상가 교회에서의 예배가 더 강점이 있습니다. 큰 교회를 찾아 대중교통을 이용하여 멀리 가지 않아도 되고 말입니다.

서로를 확인하면서 예배할 수 있는 공간을 찾을 것이다

코로나에 감염되지 않으려면 무엇보다 사회적 거리두기가 중요하다는 것을 인식하게 되었습니다. 서로 간에 거리를 둘수록 안전하다는 것을 알았기 때문입니다. 이런 물리적인 거리두기에도 불구하고 사람은 심리적인 거리를 줄이려고 노력합니다. 사람은 홀로 살아갈 수 없기 때문입니다. 사람은 사람을 찾게 되어 있습니다. '코로나 블루'라는 말이 그냥 나온 것이 아닙니다. 사람은 부대끼며 살아야 합니다. 코로나 시대에는 생존을 위해 거리를 두어야 하지만, 동시에 생활을 위해 거리를 좁혀야 합니다. 교인들이나 교회에 관심이 있는 불신자들도 함께 모이는 예배 자리를 찾게 되어 있습니다. 그것도 서로를 생생하게 확인하면서 예배하는 자리를 찾게 되어 있습니다.

코로나는 대형 교회에도 직격탄을 가했습니다. 그 넓은 공간, 그 훌륭한 장치가 큰 소용이 없어졌습니다. 대형 공간에서의 공연같은 예배로 사람을 끄는 것이 어려워졌습니다. 소형교회가 대형 교회를 따라 할 필요가 없어졌습니다. 코로나 시대에는 대형 공간에서 공연을 즐기듯 예배하기보다 친근한 공간에서 서로를 확인하면서 함께 하나님께 나아감을 경험하려는 이들이 늘어날 것입니다. 희망 사항에 불과한 것이 아닙니다. 코로나 시대에 사람들은 생생한 접촉을 더 갈구할 것입니다. 우리가 함께 힘겹게 이 세상을 살아가고 있다는 것을 확인하는 것이 더 중요해지고 있습니다. 코로나는 상가 교회의 근간을 흔들 만큼 큰 위기이지만 동시에 실제적이고 효과적인 예배를 찾는 이들이 있을 것이기에 놀라운 기회가 될 수 있습니다.

예배 문제로 왜 정부와 투쟁하려고 하나요?

Q20

교회가 예배 문제로 왜 방역당국을 향해 거칠게 항의했나요? 예배하지 말라는 것이 아니라 조심해 달라는 것으로 받아들이면 안되었나요? 교회가 정부와 다투는 모습이 볼썽 사나웠습니다.

그렇게 보일 수 있겠네요. 교회가 정부와 힘겨루기를 하는 모습을 보면서 교회도 기득권이 되었다는 생각을 할 수도 있겠습니다. 그렇습니다. 기독교는 이미 대한민국에서 제1의 종교가 되었습니다. 현 정부가 진보 정권이기 때문에 반성경적인 정책을 세울 뿐만 아니라 교회를 무너뜨리려고 한다는 음모론마저 퍼져가고 있기에 더더욱 예민해져 있는 것이 사실입니다. 이번 기회에 어떤 정권이 들어서든지 상관없이 교회와 정부, 신앙과 정치의 관계를 제대로 정립하는 계기로 삼아야 하겠습니다.

정부는 교회와 예배를 보호해야 한다

코로나 시대에 전 세계적으로 교회와 정부가 정면충돌한 경우가 많습니다. 각국 정부가 교회의 예배 문제를 건드렸기 때문입니다. 우리가 잘 알고 있듯이 하나님은 정의를 세우기 위해 정부를 세우시고 칼의 권세를 주셨습니다. 이와 달리 하나님은 교회를 구원의 기관으로 세우고 말씀의 권세를 주셨습니다. 정부는 교회 문제, 특히 예배 문제에 개입해서는 안되고, 교회는 정치 문제, 특히 법적 문제에 개입해서는 안됩니다. 이렇게 정교분리라는 것은 형식적으로는 가능하지만 실제로는 분리하기가 힘듭니다. 정치와 종교의 역할이 분명히 구분되어 있지만 다른 한편으로는 이 둘이 서로 협력해야 합니다. 그래야 하나님께서 지으신 세계가 아름답게 세워질 수 있습니다.

정부는 '믿음의 사안에 조금이라도 개입해서는 안됩니다'(웨스트민스터 신앙고백서 제23장3항). 정부는 비상 시국에서 교회와 예배를 더 적극적으로 보호해야 합니다. 이제는 세속화된 국가, 다원화된 사회를 살아가고 있기에 기독교회의 예배만 보호해 달라고 해서는 안됩니다. 국가는 사회에 해악을 끼치는 사이비종교들은 예외로 해야겠지만 모든 종교들의 예배를 잘 보호해야 합니다. 우리는 국가가 개신교회의 예배를 보호해 주기를 바라는 것만큼 타종교의 예배를 보호해줄 것을 기대해야 합니다. 그런데 코로나 사태로 인해 개신교회의 예배가 더 엄격하게 제한당했다고 느낍니다. 개신교회가 최대의 종교이기 때문에 더 강력하게 행정 제재를 한 것 같습니다. 방역당국의 절박함이라고 하더라도 형평성있게 행정 제재를 해야 할 것입니다.

교회는 정부와 긴밀하게 협의해야 한다

코로나 사태에서 방역당국이 예배에 대해 일관성있는 지침을 내려 주지 않아서 큰 혼란이 있었습니다. 물론, 지방자치단체의 재량이 있었기 때문에 지역별로 교회 연합회에서 잘 협의해 가면서 예배한 경우도 있었습니다. 경상남도가 대표적이라고 들었습니다. 그런데 우리 기독교계가 하나의 창구를 통해 방역당국과 잘 협의하지 못한 측면도 있습니다. 한기총이 기독교의 대표성을 상실했기 때문에 한교총이 그 역할을 해야 하는데 미흡했던 감이 없지 않습니다. 차제에 교회에 정부와의 관계를 전담하는 부서가 만들어져야 할 것입니다. 유럽에서는 개신교회들이 교단마다 정부와의 관계를 전담하는 부서가 있습니다. 그 부서가 이번 코로나에서 중요한 역할을 했습니다.

유럽에서는 교단마다 있는 전담 부서, 그리고 기독교회 전체를 대표하는 부서가 있어서 정부와 효율적으로 대화하고 예배 문제를 풀어갔습니다. 교회가 방역당국과 협의했기 때문에 예배 시 찬송을 아예 하지 않기로 하고, 예배 인원에 대한 것도 잘 조정했습니다. 예배가 교회만의 문제이긴 하지만 다수의 모이는 감염의 위험으로 인해 사회적인 문제가 될 수 있기 때문입니다. 이번 코로나가 교회와 정부의 관계를 잘 정립할 수 있는 계기였는데, 아쉬움이 큽니다. 평상시에는 교회가 정부와 긴밀하게 협의할 일이 없겠지만 앞으로 코로나 사태와 같은 비상시국에서는 정부와 긴밀하게 협의해야 합니다. 예배의 문제는 기독교인들만의 문제가 아니라 사회 전체의 문제이기 때문입니다.

교회는 겸허하게 청원해야 한다

교회는 방역당국이 예배를 금지하라는 행정명령이 떨어졌을 때에 어떻게 해야 할까요? 교회를 향해 유독 과도하게 예배 금지하라는 행정 명령을 내리지 않았는지 따질 수 있습니다. 교회가 감염 사태의 심각성을 인지하고 자발적으로 예배하는 방식을 바꾸어서 하겠다고 제안할 수도 있습니다. 우리에게 예배가 무엇보다 중요하지만, 한 주일이라도 예배하지 않으면 안 되겠지만 비상 시국에서는 예배 장소와 방식도 변경 가능하기 때문입니다. 지금은 거의 전시에 준하는 상황입니다. 방역당국에 적극적인 협력이 필요합니다. 우리는 하나님 나라 백성이기도 하지만 사회 구성원이기도 하기 때문입니다. 얼마 전까지 예배 외에 소모임과 식사 등을 금지하라는 행정 명령을 내렸을 때 교회들이 자발적으로 따른 이유가 여기에 있습니다.

공직자나 불신자 혹은 타종교인이라도 우리는 그 합법적인 권위를 무효화할 수 없습니다(웨스트민스터 신앙고백서 제23장4항). 그럼에도 불구하고 방역당국의 무조건적인 예배 금지가 종교의 자유를 억압한 것이라고 헌법 소원을 내자고 했는데, 이 경우에 우리는 겸허하게 청원하는 방식을 취해야 합니다(웨스트민스터 신앙고백서 제31장4항). 정부와 대립하고 투쟁하는 방식이 아니라 하나님께서 세워주신 권세를 인정하는 가운데 하나님께 청원하듯이 청원해야 할 것입니다. 그리고 네덜란드의 한 신학자가 문제를 제기했듯이 이번 코로나 사태가 좀 안정되고 나면 과연 교회가 방역당국의 행정 명령을 무조건 따랐던 것이 과연 합당한 것이었는지, 어떤 경우에 불가피한 저항을 할 수 있는지를 토론해 보아야 할 것입니다.

예배는 욕망을 내려놓아야 함을 시위해야 한다

이번 기회에 우리가 어떻게 예배해 왔는지 돌아봐야겠습니다. 정부가 아니라 하나님께서 우리의 예배를 흔드셨음을 생각해 보아야 합니다. 우리는 하나님을 예배한다고 하면서 도리어 우상을 섬긴 것이 아닌지 돌아봐야 합니다. 구약 시대이기는 했지만 하나님은 누가 나서서 성전문을 닫아 걸어버렸으면 좋겠다고 하셨습니다(말 1:10). 오죽 했으면 하나님께서 너희가 바치는 제물에 질려 버렸다고 하셨을까요? 신약 시대에 이런 일이 일어나지 말라는 법이 있을까요? 코로나 사태에서 예배를 막은 것이 정부가 아니라 하나님이시라면 우리 스스로 예배에 대한 새로운 조치를 취해야 할 것입니다.

우리는 이 세상에서 성공하라고 부름받은 것이 아닙니다. 교회는 이 세상에서 핍박받기 위해 부름받았습니다(행 14:22). 우리가 핍박과 고난을 받기 위해 부름받았다면 예배가 위협을 받는 것도 기꺼이 감수해야 합니다. 구약 시대와 달리 신약 시대는 어디서든지, 언제든지 예배할 수 있습니다. 사실, 세상은 우리가 예배하는 것을 굳이 엿보지 않고 크게 신경쓰지도 않습니다. 감염의 위험에 대해서만 신경쓸 따름입니다. 교회가 더불어 살아갈 때 세상은 비로소 우리의 예배에 관심을 기울이기 시작할 것입니다. 코로나로 인해 세상이 우리의 예배에 조금이나마 관심을 기울이기 시작했으니, 이제 우리는 제대로 예배해야겠습니다.

대면예배가 그렇게 목숨 걸 일입니까?

대면예배를 왜 그렇게 고집합니까? 대면예배 하는 것이 목숨 걸 일입니까?

최근에 교회들이 '예배에 목숨을 걸라'는 현수막을 내걸고 성명서 발표하는 것을 보고는 섬뜩하다고 말했죠? 밀집해서 예배하는 것이 너무나 위험천만한데 왜 그렇게 모이려고 하는지 이해하기 힘들 것입니다. 기독교인들이야 모여서 예배하는 것이 좋겠지만 그것으로 인해 지역사회에 바이러스가 전파되면 어떻게 하냐고 걱정한다는 것도 잘 알고 있습니다. 기독교는 사랑의 종교라고 말하더니 기독교인들은 이 사회나 다른 사람들은 안중에도 없다는 생각이 들 수도 있음을 압니다. 이런 상황에서 기독교인들이 왜 그렇게 모여서 예배하려고 하는 것일까요?

우리는 세상에서 부름받았기에 예배한다

세상 속에서 살지만 세상에서 부름받아 나온 이들만이 예배할 수 있습니다. 우리가 예배한다는 것은 우리가 부름받은 자들임을 보여줍니다. 그래서 예배의 첫 파트에 '하나님께서 우리를 부르십니다'가 자리 잡고 있습니다. '하나님을 부름'– '하나님의 인사' – '하나님을 찬양'이 자리잡고 있습니다. 하나님께서 불러 주셨기에 나아와서 하나님이 우리의 유일한 도움이라고 충성을 고백(시 124:8)하면 하나님께서 나아오셔서 인사해 주시고(롬 1:7; 계 1:4–5) 우리는 하나님께 영광송을 올려 드립니다(새찬송가 3, 4, 7장–글로리아 파트리). 예배의 이 시작 부분이야말로 우리의 정체성을 분명하게 보여줍니다.

주일에 우리가 함께 모여 예배할 때, 내가 누구인지를 알 수 있습니다. '내가 누구인가?'를 알려면 다른 곳에 가서는 안 되고 예배의 자리로 나아와야 합니다. 예배의 자리를 떠나서 아무리 궁구해도 내가 누구인지를 알 길이 없습니다. 예배의 자리에 나아올 때에 비로소 내가 이 세상에 속한 사람이 아니라 하나님께서 그 세상으로부터 불러내어 주신 존재라는 것을 알 수 있습니다. 예배의 자리로 나아올 때에 내가 이 세상에서 살아야 할 이유도 발견할 수 있습니다. 세상에서 부름받아 나온 이들이 함께 모이는 날이 주일이요, 그들이 함께 모이는 것이 예배입니다.

우리는 특정한 시간과 장소에 모여 예배한다

예배는 혼자서 하는 것이 아닙니다. 예배는 몇몇 교인들이 모여서 함께 경건 모임을 가지는 것도 아닙니다. 예배는 온 회중이 함께 모이는 것이기에 '특정한 시간과 장소'를 필요로 합니다. 그래서 교회는 예배당을 가지고 있습니다. 코로나 때문에 모일 수 없는데도 비싼 월세를 주어 가면서 예배당을 유지하는 것이 옳은지 고민하고 있는 상가 교회들이 많을 것입니다. 예배당이 성전이기 때문에 유지하려는 것은 옳지 않습니다. 예루살렘 성전은 파괴되었고, 이제부터 우리는 그리스도를 통해 하나님과 교제합니다(요 2:13-22). 우리가 한 장소에 함께 모여 성령의 능력으로 그리스도의 이름을 부르는 그 곳이 성전입니다(고전 3:16). 예배하기 위해서는 시간을 정해놓고 장소도 정해 놓아야 합니다.

야외에서 예배할 수도 있습니다. 가령, 온 교인들이 주말을 맞아 수련회를 갔는데 주일 아침 예배당으로 가서 예배해야 하는지, 아니면 그 수련회장에서 예배해도 되는지 논쟁하기도 합니다. 그 수련회장에서 예배해도 됩니다. 그런데 수련회에 참석하지 못한 성도들을 배려해서, 그리고 그 주일에 예배를 참석하려는 외부인이 있을 수 있으니 예배당으로 가야 할 수도 있습니다. 초대 교회 교인들은 핍박시 산이나 들에서, 심지어 무덤에서 예배했습니다. 나중에는 순교자들의 무덤에서 예배하다가 그 무덤 위에 예배당을 짓고 예배했습니다. 이렇게 우리는 어디서든지 예배할 수 있지만 정해진 시간에 회중 전체가 특정한 장소에 모여야 합니다. 회중에게 아무 곳에서나 예배하라고 해서는 안됩니다. 함께 모여 예배해야 합니다.

우리는 몸을 끌고 가서 예배한다

코로나 사태로 인해 기독교인들은 함께 모이는 것을 무엇보다 중요하게 생각한다는 것이 분명하게 드러났습니다. 맞습니다. 예배는 마음의 문제이지만 동시에 몸의 문제입니다. 예배는 마음으로 드리는 그 무엇이 아닙니다. 기독교인은 휴일인 일요일에 쉬지 못하고 몸을 일으켜서, 몸을 끌고 예배당으로 갑니다. 예전에는 성경책을 끼고서 교회가는 모습을 보면 그 사람이 기독교인이라는 것을 금방 알았습니다. 이제는 차량을 이용하기도 하고, 굳이 성경책을 끼고 예배당에 갈 필요도 없습니다. 핸드폰에 성경 찬송이 깔려 있기 때문입니다. 중요한 것은 주일 아침 우리의 몸을 일으켜서 예배당에 가는 것입니다. 그곳에 다른 기독교인들도 나아옵니다.

예배 자체도 몸의 문제입니다. 우리의 몸을 끌고 예배당으로 가서 예배할 때에 우리의 몸이 새롭게 형성됩니다. '너희 몸을 하나님이 기뻐하시는 거룩한 산 제물로 드리라'(롬 12:1)고 하신 이유가 여기에 있습니다. 예배는 몸을 끌고 가서 하는 것이요, 우리의 몸을 하나님께 드리는 것입니다. 예배가 우리의 몸을 새롭게 합니다. 예배 때 일어서고 앉는 것만 있는 것이 아니라 예배 순서 하나 하나가 우리의 몸을 어떻게 움직이고 바꾸어야 할지 보여주고 있습니다. 쉽게 말하자면 예배 순서 하나

하나가 하나님을 위해, 그리고 이웃을 위해 우리 몸을 어떻게 사용해야 할지 보여주고 익히게 해 줍니다. 예배에 나의 몸을 맡기면 그 예배가 우리의 몸마저 새롭게 하고 복된 습관을 형성 시켜 줍니다.

우리는 주님의 몸을 이루어 예배하고 세상으로 들어간다

내가 예배당으로 가면 그 곳에 다른 성도들도 나아옵니다. 우리는 함께 만납니다. 이렇게 몸과 몸이 하나로 연결되어 그리스도의 몸을 이루어 하나님께 나아갑니다(엡 4:12, 16). 예배당에 와 다른 성도들을 보면서 우리는 감격합니다. '한 주간 동안 내가 홀로 외롭게 살았는데, 나 혼자 고통을 겪는다고 생각했는데 저 성도도 동일하게 고난받았겠구나'라고 생각하면 다른 성도의 얼굴을 보는 것만으로도 은혜가 됩니다. 예배에서 비로소 내가 혼자가 아니라는 것을 느낍니다. 우리는 육신의 눈으로 하나님을 뵐 수 있기 때문에 기쁜 것이 아니라 예배하면서 서로를 볼 수 있기 때문에 너무나 기쁘고 충분한 은혜를 받습니다.

우리가 대면예배를 고집하는 것은 사람이 그리워서가 아닙니다. 세상 사는 것이 힘드니까 하루 정도 예배당에 모여서 서로 위로하는 것이 아닙니다. 평일에는 세상 사람들과 더불어 함께 했습니다. 이제 주일이 되었고 하나님의 백성들이 함께 모입니다. 우리는 세상으로부터 벗어나기 위해 모이는 것이 아니라 이 세상에서 잘살기 위해 모입니다(요 17:11,15). 예배에서 우리의 두 가지 신분이 분명하게 드러납니다. 예배할 때 우리는 하나님께 속한 시민이요 동시에 세상에서 살아가야 할 시민이라는 것이 드러납니다. 우리가 합당하게 예배하면 세상이 우리의 예배를 알아주고 잘 모이라고 할 것입니다. 물론 그럴수록 더욱더 악의적으로 우리를 모욕하는 것이 세상이기도 하고 말입니다.

예배하고 나면 왜 그렇게 뻔뻔해집니까?

Q22

예배하고 나면 아무렇지도 않게 예전 모습으로 돌아가던데요. 용서 받았으니 이제는 죄를 마음대로 지어도 된다는 것인가요? 왜 예배 하고 나면 더 뻔뻔하게 자기 욕망을 추구하며 살까요? 예배가 교인 들에게 면벌부를 난발하는 것이 아닙니까?

그럴 수 있습니다. 교인이라고 예배 한번 했다고 바뀌는 것이 아니니까요. 평생 예배했는데 바뀌지 않았다면 문제일 수 있겠 지만 말입니다. 사실, 교인들은 예배하고 나서 마음에 평안을 누립니다. 하나님께 예배했으니 이제 안정이 되어 이 세상에서 살아갈 용기를 얻으니까요. 문제는 예배했기 때문에 이제 내 마 음대로 살아가도 되겠다고 생각하는 것입니다. 왜 예배하고 나 면 의기양양해지고, 이제 내 뜻대로 살아도 되겠다고 생각하게 될까요?

예배할 때 '하나님께서 우리를 용서하십니다'

예배의 시작이 '하나님이 우리를 부르십니다'라면 그 다음 파트는 '하나님이 우리를 용서하십니다'입니다. 이 파트에는 '십계명 선포' - '죄 고백' - '사죄 선언' - '감사 찬송'이 자리잡고 있습니다. 왜 이런 파트가 필요한지 궁금해하는 분들이 있을 것입니다. 종교개혁자 칼빈이 이 순서를 예배에 도입하려고 할 때 제네바 시의회가 극렬하게 반대했습니다. 이제 겨우 고해성사로부터 벗어났는데 다시 목사에게 죄를 고백해야 하는 것처럼 보였기 때문입니다. 이 순서가 로마 가톨릭으로 다시 돌아가는 것이라는 오해를 받았습니다. 칼빈은 이 순서를 계속 지키지 못합니다.

'하나님이 용서하십니다'라는 파트는 개인적인 죄 고백이 아닙니다. 그것은 공적인 죄 고백입니다. 공적으로 자신의 죄를 고하는 것은 사적으로 자신의 죄를 사제에게 고하는 것과 너무나 큰 차이가 있습니다. 우리는 사사로운 방식이 아니라 회중에 속하여 자신의 죄를 고합니다. 공적인 죄 고백이라고 하기에 한 사람씩 나가서 자신의 죄를 발설하는 것은 아닙니다. 속으로 조용히 기도하지만 회중에 속하여 고합니다. 즉, 자신과 더불어 하나님의 백성들 전체가, 우리 조상들이 하나님 앞에 큰 죄인이라는 것을 고백하는 것입니다(단 9:3-19). 이것은 다니엘이 회개 기도하면서 자기 조상들의 죄를 고한 것과 다르지 않습니다.

우리의 회개는 공개적인 것을 넘어서 공적이어야 한다

목사는 먼저 '십계명'을 낭독합니다(출 20:2-17; 신 5:6-21). 구약 시대에 주신 이 언약의 열 가지 말씀으로 우리 자신을 돌아보아야 하기 때문입니다. 이 열 가지 말씀에는 우리가 구체적으로 회개해야 할 것들이 열거되어 있습니다. 하나님과의 관계에 대한 것으로부터 시작해 사람과의 관계에 대한 것으로 이어집니다. 우리의 삶 전반을 살피면서 회개해야 할 것을 보여 줍니다. 우리의 회개는 구체적이어야 한다는 뜻입니다. 그런데 독일의 종교개혁자 루터는 우리가 구체적인 것을 넘어서 철저하게 회개해야 함을 말했습니다. 하나님 앞에서 전적으로 죄인이라는 것, 그래서 우리의 그 어떤 회개로도 돌이킬 수 없는 자라는 것을 고해야 한다고 말했습니다.

이제 회중은 공적으로 '죄 고백'을 합니다. 공개적으로 죄를 고백하고 수치를 당해야 죄를 끊어 버릴 수 있는 것이 아닙니다. 우리는 머리 끝부터 발 끝까지 죄로 가득 차 있음을 고백해야 합니다. 다윗도 고백했습니다. 모친이 죄 중에 자기를 잉태했다고 말입니다(시 51:5). 모친에게 죄를 돌리는 것이 아닙니다. 그 정도로 자신은 죄로 뒤범벅되어 있다는 뜻입니다. 그리고 자신은 오직 하나님께만 범죄했다고 고백합니다(시 51:4). 밧세바를 범하고 나서 회개하면서 고백한 것인데, 영화 〈밀양〉에서처럼 하나님께서 용서하셨으니 사람에게 용서해 달라고 빌 필요가 없다는 뜻이 아닙니다. 사람에게 범한 아무리 사소한 죄라고 하더라도 그것은 지엄하신 하나님을 거스르고 대적하

코로나 예배 전쟁

는 죄임을 고백하는 것입니다. 이렇게 죄 고백은 철저해야 합니다. 가면 갈수록 더 큰 죄인이 되어야 한다는 뜻입니다.

용서의 말씀이 선포될 때 새로운 피조물로 창조된다

회중에 속해서 공적으로 회개하고 나면 하나님께서 예배를 인도하는 목사를 통해 '사죄 선언'을 해 주십니다(히 7:24-25; 딤전 1:15; 요일 2:1-2 등). 죄를 용서해 주신다는 말씀 선포가 회중을 새롭게 합니다. 회중이 회개했으므로 용서의 말씀 선포는 형식적인 선언에 불과하지 않습니다. 사죄의 말씀이 창조의 말씀이기에 새로운 심령을 창조합니다. 회중은 사죄의 말씀을 간절히 기다립니다. 공적으로 사죄의 말씀을 선언해 주지 않는다면, 신비주의처럼 내적으로 하나님께서 사죄의 말씀을 해 주실 때까지 기다릴 수밖에 없을 것입니다.

우리는 예배를 통해 사죄의 말씀을 듣습니다. 설교를 통해서 복음이 선포되고 그리스도의 용서를 들을 수 있지만, 성경 말씀으로 사죄 선언이 될 때 우리는 심령의 평안과 안식을 누릴 수 있습니다. 용서에 관한 그 말씀들이 인간의 말이 아니라 하나님의 말씀, 약속의 말씀이기 때문에 우리는 그 말씀을 간절히 기다립니다. 개인적으로 성경을 읽으면서 그런 말씀을 대하기도 하지만, 공적으로 사죄의 말씀이 선포될 때 우리는 흔들리지 않는 확신으로 그리스도를 통한 죄 용서를 누릴 수 있습니다. 예배 때 우리가 전적으로 죄인이 되고 동시에 전적으로 그리스도의 의를 힘입게 된다는 사실입니다.

예배하고 나서 우리는 용서받은 죄인으로 살아간다

예배를 통해 우리는 죄인임을 더 깊이 깨닫게 됩니다(딤전 1:15). 그리고 그리스도의 공로를 통해 우리가 죄 용서받는다는 것을 깊이 깨닫게 됩니다. 예배를 통하지 않고서는 우리가 죄 인임을 제대로 알지 못합니다. 예배를 통해서만 우리는 우리 가 죄인임을 함께 알고, 함께 나눕니다. 죄인들의 연대감이라 고 할까요. 그리스도와 함께 한 연대감을 가지기 때문입니다. 공개적으로 다른 사람들에게 죄를 고백하지 않았다고 하더라 도 공적으로 함께 죄를 고백했기에 우리는 그 무서운 죄로부터 결별할 수 있는 은혜를 힘입습니다. 죄지었다고 고백하면서도 다시 죄에 빠지는 것이 아니라 우리의 죄가 그리스도를 십자가 에 못 박게 했음을 알고 죄에 진저리를 치게 됩니다.

예배를 통해 죄를 공적으로 고하고, 용서의 말씀을 공적 으로 들은 성도는 이제 죄책감에서 자유로울 수 있습니다(갈 5:24). 마귀의, 율법의 어떤 정죄도 이길 수 있습니다. 이제는 '용서받은 죄인'으로 살아갈 수 있습니다. 공예배를 통해 용서 받았기 때문에 이제 마음대로 죄 지어도 되고, 다음번에 다시 회개하면 된다고 생각하지는 않습니다. 예배를 통해 더 큰 죄 인이 되었지만 동시에 용서받은 죄인이라는 것을 알았기에 감 사하며 살아가야 합니다. 예배를 통해 생각과 마음으로 짓는 죄악까지도 실행한 죄와 하나도 다르지 않음을 알았기에 이제 새로운 마음으로 살아갑니다. 예배한 사람은 죄짓는 것을 예 사로이 생각할 수 없습니다. 예배를 통해서 비로소 우리는 죄

가 무엇인지, 용서가 무엇인지, 용서받은 자의 삶이 무엇인지
알 수 있습니다.

설교가 아직도 효력이 있다고 생각합니까?

Q23

개신교회의 예배에서 제일 중요한 것은 설교가 아닙니까? 그런데 요즘은 설교가 희화화되고 있습니다. 세상에서도 설교하지 말라는 말이 나돌고 있을 정도이니까요.

그렇습니다. 교인들도 이제는 설교에 대해 그다지 기대하지 않는 것 같습니다. 그동안 설교단만큼 대단한 자리를 차지한 것이 없었습니다. 이 세상 그 어디에서도 사람들을 꼼짝하지 못하게 앉혀놓고 30분 이상씩 말할 수 있는 곳은 없을 것이니 말입니다. 이것을 평생 할 수 있으니까요. 그러나 질문했듯이 이제는 설교도 예전과 같은 명성을 누리지 못하고 있습니다. 현대인들은 너무나 많은 정보 속에서 살아가고 있기에 설교도 그런 정보 중에 하나라고 생각합니다. 과연 설교가 살아남을 수 있을까요?

예배를 통해 '하나님께서 말씀하십니다'

예배에 찾아오시는 하나님은 우리를 용서해 주시고, 다음으로 우리에게 말씀하십니다. 그래서 예배의 세 번째 파트에 '하나님이 말씀하십니다'가 자리 잡고 있습니다. 이 파트는 '성경 낭독' – '조명을 위한 기도' – '설교' – '응답 찬송'으로 구성되어 있습니다. '성경 낭독'은 과거에 하나님께서 말씀하셨던 것을 온 회중이 들을 수 있도록 소리 내어 읽는 것이고, '조명을 위한 기도'는 그 말씀이 지금 우리에게 들려지기를 간구하는 것입니다. '설교'는 읽었던 그 성경 구절을 지금 우리 시대에 적용하는 것이고, '응답 찬송'은 받은 말씀에 대해 응답하고 감사를 표하는 것입니다. 이 파트가 예배의 정중앙에 자리 잡고 있습니다.

성경 낭독과 설교의 관계를 오해하곤 합니다. 성경 낭독은 하나님의 말씀을 있는 그대로 낭독하는 것이기 때문에 너무나 중요하다고 생각합니다. 그런데도 성경 낭독을 할 때 지금 하나님께서 친히 말씀하신다고 생각하지 못하는 경우가 많습니다. 설교에 대해 다양한 생각들이 있습니다. 혹자는 설교란 목사가 그 성경을 해설하는 것이기 때문에 인간적인 것이라고 생각합니다. 그래서 성경 낭독이 설교보다 더 중요하다는 것입니다. 그러나 종교개혁자들은 다르게 생각했습니다. 그들은 설교가 곧 하나님의 말씀이라고 고백했습니다. 설교는 지금도 계속되는 하나님의 예언의 말씀이라고 믿었습니다. 그렇게 하나님의 모든 뜻을 전하면 하나님께서는 목사에게서 피 값을 찾지 않으실 것입니다(행 20:26-27). 그 정도로 설교가 중요합니다.

예배는 말씀을 통한 흔드심이다

예배에는 말만 많은 것이 아니라 흔들어 놓는 것도 있습니다. 출애굽한 백성들을 시내산으로 데리고 가신 하나님께서 그 산에 강림하신 장면을 생각해 보십시오. 하나님께서 그 산을 뒤흔들어 놓으시면서 강림하셨습니다. 지진이 일어나는 것과 같았습니다. 산 전체가 흔들리고 요동칠 때 이스라엘 자손들의 마음까지 흔들어 놓았습니다. 이스라엘 자손들은 큰 두려움에 사로잡혔습니다. 하나님께서 가까이 다가오시는 것이 그렇게나 무섭다는 것을 알았습니다. 산만 요동친 것이 아니라 그들의 존재 전체가 흔들렸습니다. 모세조차도 너무나 두려워 죽을 지경이었습니다(히 12:18-22)

예배는 말장난이나 말잔치가 아니라 말씀을 통한 흔들어 놓으심입니다. 예배를 통해 우리는 하나님께서 온 세상을 흔들어 놓으시는 것을 경험할 수 있습니다. 우리의 존재 전체를 흔들어 놓으시는 것을 경험할 수 있습니다. 하나님께서 흔들어 놓으시는 것은 흔들리지 않는 나라를 우리 가운데 세우시기 위함입니다(히 12:26-28). 예배는 우리가 무언가를 쥐고 흔드는 것이 아니라 하나님께서 흔들어 놓으시는 것입니다. 아이러니하지만 코로나 시대에 하나님께서 예배를 더 심하게 흔들어 놓으셨습니다. 예배를 하지 못할 정도로 흔들어 놓으셨습니다. 이 것은 예배를 흔드시면서 우리 가운데 흔들리지 않는 나라를 세우시기 위함입니다.

어떻게 듣느냐가 무엇보다 중요하다

예배 가운데 있는 것은 말이 아니라 말씀입니다. 하나님은 말씀하시는 분이시기 때문에 우리는 분명하게 들리는 말을 통해 하나님의 뜻을 확인하고 함께 나눕니다. 고린도전서 14장에서 방언과 예언을 언급하는데 그 두 은사는 초대 교회 예배 때 사용되던 은사를 말합니다. 고대교회에도 말이 많았다는 것을 알 수 있습니다. 그런데 사도는 방언보다는 예언을 하려고 하라고 말합니다. 방언은 알아들 수 없고 예언은 알아들을 수 있기 때문입니다. 예배의 언어는 분명하게 알아들을 수 있는 말이어야 합니다. 예배에서는 말이 많아도 됩니다. 분명하게 알아 들을 수 있는 말이 많으면 됩니다.

따라서 우리가 어떻게 듣느냐가 너무나 중요합니다. 예배는 설교자의 문제라고만 말해서는 안됩니다. 예배는 듣는 문제라고 해야 할 것입니다. 어떻게 듣느냐가 우리의 구원을 결정하기 때문입니다(눅 8:16-18). 잘 듣지 않으면 자신이 구원받았다고 하는 것조차 빼앗기게 될 것입니다. 떠들어 대는 것은 목사 혼자라고 생각하지요? 목사가 설교할 때 회중은 잠잠하니까요. 입을 열 수 없으니까요. 하지만 하나님께서 말씀하시는데도 불구하고 우리는 잠잠히 듣는 것이 아니라 우리의 소리를 더 크게 내지릅니다. 하나님께서 말씀하시는데도 불구하고 우리는 귀를 막고 막 떠들어 대기만 합니다. 우리의 마음은 우리 자신의 소리로 가득합니다.

설교는 복음 선포이고, 항상 효력이 있다

다른 종교의 예배와 달리 개신교회의 예배는 시끄러워 보입니다. 젊은이들은 그 시끌벅적한 것을 좋아할지 모르겠는데 너무 시끄러워서 마음이 안정되지 않는다고 하는 이들도 많습니다. 그렇습니다. 개신교회의 예배는 좀 시끄러운 것이 사실입니다. 종교 방송을 들어보아도 개신교와 천주교와 불교 방송의 데시벨이 차이가 많이 납니다. 개신교회는 소리로 승부를 보려고 하냐는 말을 듣기도 합니다. 하나님은 처음부터 말씀하시는 분이었기 때문에 우리는 계속해서 복음 선포인 하나님의 말씀을 들어야 합니다. 설교는 항상 효력이 있습니다. 개혁자들은 그것을 '체질 효과'라고 말했습니다. 체질하면 알곡은 안으로 들어오고, 쭉정이는 바깥으로 밀려나 버립니다. 설교가 잔소리처럼 들린다면 우리의 귀가 막혀있다는 것을 알아야 하겠습니다.

요즘은 예배를 1시간 안에 끝내려고 하는 경우가 많아 설교 시간이 줄어들고 있습니다. 예배 시간을 줄일수록 듣기를 잘해야 합니다. 예배에서는 우리의 말이나 우리의 욕망이 지배해야 하는 것이 아니라 하나님의 말씀이 지배해야 합니다. 하나님께서 코로나를 통해 우리의 예배를 흔들어 놓으신 것은 오직 하나님께만 소망을 두라는 것이요, 우리의 예배를 잠잠케 하신 것은 오직 하나님의 음성에만 귀를 기울이라는 것입니다. 하나님께서 말씀하실 때에 우리의 몸과 영혼 전체가 들어야겠습니다. 믿지 않는 이들이 우리 예배를 보고는 온갖 욕망을 부추기는 모임이 아니라 잘 듣는 자들의 모임이라고 말할 수 있어야겠습니다. 예배에서 잘 듣지 않으면 우리는 우리 말만 끊임없이 쏟아내는 사람들로 살게 될 것입니다.

쓸데없이 성찬식을 왜 그렇게 자주 하려고 합니까?

성찬식을 왜 자주 하려고 합니까? 로마 가톨릭은 예배 자체가 미사이지만 우리 개신교회 예배는 설교가 무엇보다 중요하지 않습니까? 설교가 좋으면 성찬식은 필요 없지 않습니까? 준비하려면 귀찮기도 하고, 성찬식을 하면 설교 시간도 줄어들고요.

맞습니다. 우리 개신교회는 성찬식을 그다지 중요하게 생각하지 않았습니다. 예배에 성찬식이 없어도 된다고 생각하기도 합니다. 성찬식을 자주 하려고 하는 것은 로마 가톨릭을 따라 하는 것이라고 생각하기도 합니다. 현실적인 문제도 있습니다. 이전에도 그랬지만 코로나 시대에는 성례를 베푸는 것이 더 부담스러워졌습니다. 다른 한 쪽에는 온라인 성찬이 논의되고 있습니다. 예배에서 성찬이 꼭 필요한 것일까요?

성찬상에서 물질적인 존재가 분명하게 드러난다

세례와 더불어 성찬은 개신교회의 유일한 두 가지 성례입니다. 세례는 그리스도의 죽으심과 부활에 연합하는 것이고, 성찬은 그리스도를 먹고 마시는 것입니다. 즉, 신자는 세례로 새롭게 태어나고, 성찬상에서 먹고 마시며 자라갑니다. 신자의 출생이 세례이고, 신자의 양식이 성찬입니다. 세례는 평생 딱한 번 받지만 우리는 그 세례로 새롭게 태어났다는 것을 확인하면서 평생을 갈아갑니다. 성찬은 자주 행할수록 우리가 그리스도와 연합되어 있다는 것을 더 생생하게 누립니다. 이렇게 세례와 성찬은 우리의 귀로만 듣던 말씀을 우리 눈에까지 보여주는 너무나 복된 성례입니다. 교회에 수많은 프로그램들이 있지만 이 두 성례만 있어도 우리는 넉넉히 하나님의 백성이라는 것을 확인하면서 살아갈 수 있습니다.

세례에서 물이 사용되고, 성찬에서 떡과 잔이 사용됩니다. 이것은 우리가 물질적인 존재라는 것을 분명하게 보여줍니다. 사람은 씻고, 먹고 마시지 않고서는 생존할 수 없는 존재입니다. 먹는 것은 너무나 생생합니다. 우리가 모든 영양분이 농축된 알약만 먹는다고 하더라도 먹어야 삽니다. 그래서 우리에게 먹고 마시라고 하십니다. 말씀만 먹으라고 하지 않으시고 일용할 양식을 주십니다. 하나님께서는 우리를 복된 식탁으로 초대하셔서 배설된 떡과 잔을 먹고 마시면서 살아나라고 하십니다. 이 복된 상에서 우리는 몸을 가지고 살아가는 존재임을 깊이 깨닫습니다. 우리는 몸을 벗어나 존재할 수 없습니다. 그래서 우리는 함께 모이고, 함께 한 상에 둘러 앉습니다.

우리는 그리스도의 실재적인 임재를 누린다

우리는 성찬상에서 그리스도를 생생하게 누립니다. 떡과 잔이 그리스도의 살과 피로 바뀌는 것이 아니고, 하늘에 가 계신 그리스도의 몸이 떡과 잔 사이에 와 계시는 것도 아닙니다. 그럼에도 불구하고 성령께서 떡과 잔을 통해 그리스도를 생생하게 누리도록 해 주십니다. 하이델베르크 교리문답(75문)에서 고백하는 바가 바로 이것입니다. "첫째, 주님의 떡이 나를 위해 떼어지고 잔이 나에게 분배되는 것을 내 눈으로 보는 것처럼 확실히, 그의 몸은 나를 위해 십자가에서 드려지고 찢기셨으며 그의 피도 나를 위해 쏟으셨습니다." 우리는 그 이전과 조금이라도 달라지지 않는 떡과 잔을 통해 그리스도의 살과 피를 생생하게 볼 수 있습니다.

성찬상에서 우리는 멀뚱 멀뚱 보기만 하는 것이 아닙니다. 그림의 떡이 아닙니다. 우리는 떡과 잔을 맛봅니다. 우리가 허깨비를 볼 수도 있는데 맛보는 것은 차원이 다릅니다. 우리는 그리스도께서 자신의 살과 피로써 우리를 먹고 마시게 해 주시는 것을 경험할 수 있습니다. 역시 같은 문답에서 다음과 같이 고백합니다. "둘째, 그리스도의 살과 피의 확실한 표로서 주님의 떡과 잔을 내가 목사의 손에서 받아 입으로 맛보는 것처럼 확실히, 주님께서는 십자가에 달리신 그의 몸과 흘리신 피로써 나의 영혼을 친히 영생에 이르도록 먹이시고 마시우실 것입니다." 우리의 입에 들어오고 우리의 이빨 사이에서 씹히고, 우리의 목구멍을 타고 넘어가는 떡과 포도주를 통해 우리는 그리스도를 확실하게, 그리고 생생하게 경험합니다.

성찬상에 참여할 때에 하나됨을 누린다

고대에는 회중이 직접 떡과 잔을 가지고 왔습니다. 어떤 이들은 일찍 와서 자기가 가지고 온 것을 먹어 버렸습니다. 뒤늦게 온 이들, 먹을 것을 가지고 오지 못한 가난한 이들과 종들은 굶어야 했습니다. 그래서 사도는 먹으러 모일 때에 기다리라고 권면했습니다(고전 11:33). 함께 먹고 마셔야 하는데 왜 먼저 먹고 마셔버리냐고 책망했습니다. 우리는 함께 먹고 마셔야 합니다. 한국 교회에서는 일반적으로 회중이 앉은 좌석에서 떡과 잔을 받습니다. 그런데 유럽의 대부분의 교회들에서는 회중이 미리 준비되어 있는 상 앞으로 나아갑니다. 그 상 위에 떡과 잔이 놓여 있습니다. 함께 한 상에 둘러 앉아서 먹고 마십니다.

회중은 한 상에 참여합니다. 한 떡과 한 잔에 참여합니다(고전 10:17). 편리함을 위해 떡을 미리 나누어 놓고, 포도주를 여러 잔에 미리 부어 놓지만 원래는 커다란 한 떡을 떼어 먹어야 하고, 커다란 한 잔을 돌려가면서 마셔야 합니다. 큰 떡은 준비해서 떼어줄 수 있지 않습니까? 포도잔은 위생상 미리 나누어 놓은 잔을 줄 수밖에 없겠지만 말입니다. 우리는 한 떡과 한 잔에 참여한다는 사실을 잊지 말아야 합니다. 우리는 그리스도의 살과 피에 참여함으로 그리스도의 몸이 됩니다. 교회는 그리스도의 몸이고, 우리는 그 몸의 각 지체들입니다. 몸에 붙은 지체는 결코 나눌 수 없습니다. 성찬식에 제대로 참여해야 비로소 패거리를 만들거나 누군가를 따돌리지 않고, 하나됨을 누릴 수 있습니다.

예배를 통해 '하나님께서 자신을 주신다'

설교 후에 성찬식을 가집니다. 순서가 '말씀과 성례'이기 때문입니다. 말씀이 앞에 오고, 성례가 뒤에 옵니다. 개혁자들은 그 성례를 눈에 보이는 말씀이라고 칭하기도 했습니다. 예배 중의 말씀이 설교이기 때문에 설교 후에 성찬이 옵니다. 설교를 했더라도 성찬이 필요합니다. 성찬이 설교를 방해하는 것이 아닙니다. 오히려 성찬이 설교를 돕습니다. 성찬은 설교의 방향과 목표점을 분명하게 보여줍니다. 성찬을 하게 되면 설교가 이후에 오는 성찬을 의식하여 그리스도를 드러내지 않을 수 없습니다. 성찬이 설교를 도운다는 것을 안다면 우리는 성찬을 무시해서는 안됩니다. 귀찮게 생각해서도 안됩니다. 성찬을 통해 하나님께서 자신을 온전히 주시기 때문입니다.

코로나 시대에 모여 예배하기가 힘들어졌기 때문에 온라인 예배가 시작되었고, 온라인 예배를 하는 김에 온라인 성찬을 시행하자는 목소리들이 나옵니다. 우리는 예배 전체도 그렇지만 성찬을 사유화할 위험을 경계해야 할 것입니다. 이런 논의는 성찬의 중요성을 알아가기 시작했다는 것을 보여준다는 면에서 긍정적입니다. 온라인 성찬이 가능하냐, 가능하지 않냐 따지기 전에 우리는 성찬을 통해 그리스도를 얼마나 생생하게 실재적으로 누릴 수 있는지를 알아야 합니다. 기독교 신앙은 그리스도를 얼마나 생생하게 누리느냐에 달려 있습니다. 그리스도가 우리의 모든 것이기 때문입니다. 우리의 성찬은 아직까지 부족합니다. 그리스도가 우리의 모든 것임을 생생하게 누리지 못하고 있기 때문입니다.

예배를 줄이고 봉사에 힘써야 하지 않을까요?

Q25

한국 교회는 예배를 너무 많이 하지 않나요? 주일 오전예배, 오후 예배만이 아니라 수요 예배, 새벽 예배, 금요 심야 예배도 있고, 심지어 가정 예배도 있습니다. 예배 수를 확 줄이고 그 시간에 지역사회에서 봉사해야 교회가 그나마 좋은 인상을 주지 않을까요?

맞습니다. 한국 교회는 예배가 너무 많습니다. 그런데 예배와 경건회는 구분해야 합니다. 온 회중이 함께 모이고 직분자가 인도하면서 은혜의 방편이 베풀어지는 것만이 예배입니다. 주일 오전, 오후 두 번 외에 다른 모임들은 예배가 아니라 기도회, 경건회라고 부르면 좋겠습니다. 그러면 우리는 평상시처럼 모여도 예배 수가 줄어듭니다. 어쨌든 기독교회의 문제가 예배를 많이 하는 것 때문인지 진지하게 나누어 보아야 하겠습니다.

예배가 가장 큰 봉사이다

성경에서 봉사라는 단어를 사용해서 예배를 말하고 있음에도 불구하고 우리는 예배와 봉사를 구분하곤 합니다. 우리는 예배가 끝나고 나서 봉사가 시작된다고 생각합니다. 이것은 시간적인 선후 관계를 말하는 것이기도 하지만 예배와 봉사를 명확하게 구분하려는 생각이기도 합니다. 예배는 예배이고, 봉사는 봉사라는 생각이 분명합니다. 과거에는 그렇게 생각하지 않았지만 이제는 예배 안에서 이루어지는 봉사는 형식적인 것이라고 생각합니다. 그래서 제대로 된 봉사는 예배가 끝나고 나서야 비로소 시작된다고 생각합니다. 이것은 너무나 큰 오해입니다.

예배야말로 가장 큰 봉사입니다. 예배할 때 회중이 하나님께 무언가를 드리기에 봉사라고 말하는 것이 아닙니다. 모든 종교마다 신도들의 봉사가 있고 최상의 봉사를 요구합니다. 그래서 예물을 드리고요. 기독교회의 예배는 우리가 하나님을 위해 봉사하는 것이라기보다는 하나님께서 우리를 위해 봉사하시는 것입니다. 하나님의 봉사가 먼저 있고, 그 다음에 우리의 봉사가 있습니다. 우리가 봉사하는 것은 이차적입니다. 우리는 하나님께서 직접 봉사하셔서 우리에게 주신 것을 가지고 하나님께 올려 드립니다. 그래서 예배는 '서로 봉사'입니다. 하나님의 봉사와 우리의 봉사가 너무나 아름답게 주고 받습니다. 하나님과 회중은 은혜의 방편을 통해 그리스도를 온전하게 주시고 받습니다. 예배하면서 우리는 서로에게 자신을 줍니다.

예배에서 회중의 가장 분명한 봉사 중 하나가 '헌금'입니다.

설교 후에, 성례 후에 '헌금 찬송' – '헌금' – '헌금 기도'가 있습니다. 이 헌금은 하나님께 드리는 것이기도 하지만 서로의 필요를 위해 나누는 것입니다. 그래서 예전에는 '연보'라고 불렀습니다. 사도 바울은 이방 지역에 복음을 전하여 교회가 세워지면 가난한 예루살렘을 도와달라고 구제 헌금을 요청했습니다(고후 8:1–7). 유럽 교회에서도 매 주일 예배마다 구제 헌금을 합니다. 집사회에서 매 주일마다 구제할 곳을 알리면 그 곳을 위해 헌금합니다. 흥미로운 것이 고대에는 성찬상으로 나아가는 곳에 집사가 헌금 바구니를 들고 있었고, 헌금을 한 후 성찬상으로 가서 떡과 잔을 먹고 마셨습니다. 그리스도의 떡과 잔에 참여하기 전에 서로를 위해 자신을 내어주겠다는 것을 시위해 보이기 위함이었습니다.

예배 때 우리는 구제 헌금만 하는 것이 아닙니다. 십일조도 하고 주일 헌금도 하고, 감사 헌금도 합니다. 이 모든 것은 복음 사역을 위한 것입니다. 이 헌금의 사용처를 삼등분 할 수도 있습니다. 하나는 교회 건물을 포함한 교회 행정을 위한 것입니다. 다른 하나는 목회자의 생활을 지원하기 위한 것입니다. 마지막 세 번째가 바로 가난한 이들을 돌아보기 위한 것인데, 이 세 번째 부분을 위해 집사회의 역할이 중요합니다. 집사(권사)는 긍휼을 베풀기 위해 부름받았기 때문입니다.

교회 내에서 평균케 하는 원리가 적용되어야 한다

교회의 봉사는 '평균케 하는 원리'에 근거해야 합니다(고후

8:9-15). 사도 바울은 이방 교회가 복음을 전해준 예루살렘 교회를 돕는 것이 전체 교회를 평균케 하는 것이라고 보았습니다. 그는 그리스도께서 하신 일을 먼저 언급합니다. 부요하신 그리스도께서 우리를 위해 가난해지셨다고 합니다. 구약 시대 이야기도 합니다. 이스라엘 자손이 출애굽하여 광야 생활할 때에 하나님께서는 하늘로부터 양식을 내려 주셨습니다. 매일 아침에 각 가정이 그날 먹을 필요한 분량을 거두어 왔습니다. 많이 거두어 온 가정은 다른 가정과 나누어야 했습니다. 하루가 지나면 남은 것이 상해 버리기 때문입니다.

개체 교회의 헌금은 개체 교회의 가난한 자들을 위해서 먼저 사용되어야 합니다. 이것을 개체 교회의 수준에서만 생각해서는 안됩니다. 코로나때문에 문을 닫을 수밖에 없는 상가 교회가 많을 것입니다. 노회 내의 교회와 목회자들의 생활을 위해 나누어야 합니다. 지금도 그런 전통이 남아 있지만 스코틀랜드 장로교회는 재정을 삼등분하여 하나는 개체 교회를 위해, 다른 하나는 목회자를 위해, 다른 하나는 노회로 보내어서 전체 교회를 위해 사용했습니다. 교회가 먼저 공교회적인 차원에서 평균케 하는 원리를 시행하지 않으면 세상을 향해 할 말이 없게 됩니다. 교회에서 할 수 없는 것을 세상을 향해 하라고 요구하는 것은 어불성설(語不成說)입니다. 너희나 잘하라고 할 것입니다. 세상에는 가난한 이들이 끊이지 않습니다.

사회를 위한 많은 일을 하기 위해 대형 교회가 필요하다고 말하는데 그래도 교회는 할 수 있는 일이 많지 않습니다. '가난

구제는 나라도 못한다'는 말이 있지 않습니까? 예수님께서도 나는 너희와 항상 함께 있지 않을 것이지만 가난한 이들은 너희와 항상 함께 있을 것이라고 말씀하셨습니다(마 26:11). 개인적으로 아무리 구제를 많이 해도 소용없다는 뜻이 아닙니다. 세상에는 가난한 자들이 항상 있을 것이기 때문에 열심히 구제해야 한다는 뜻입니다. 우리는 주위의 힘들어 하는 이웃을 돌아보아야 합니다. 계층 간의 차이가 너무 많이 나면 어떤 정책을 시행해도 아무런 소용이 없는 때가 온다는 말이 있습니다. 맞는 말입니다. 교회가 이 세상에 있기 때문에 우리는 이웃을 돌아보아야 합니다.

교회는 교회 일만이 아니라 세상을 위해 봉사해야 합니다. 정부나 지자체에서 관심을 기울이지 않는 작은 것에서부터 시작해야 할 것입니다. 중요한 것은 프로그램이나 프로젝트가 아니라 기독교인들이 정직하게, 공의롭게 일하고 가난하고 소외된 이들에게 긍휼을 베푸는 것입니다. 이렇게 나누는 삶의 원천이 바로 예배로부터 나옵니다. 예배를 통해 하나님으로부터 우리가 필요한 것을 얻어내려고만 하는 한 우리의 봉사는 자신의 욕망을 위한 것이 될 수밖에 없습니다. 예배를 통해서 하나님의 봉사를 받은 이들만이 이 세상에서 봉사하는 사람으로 살 수 있습니다. 기독교인의 삶은 '헌금'을 통해 구체적으로 표현하는 것을 실천하는 것입니다. 신자의 삶은 예배로부터 흘러나오는 봉사하는 삶입니다.

예배가 교인들을 교회에 묶어 두는 것 아닌가요?

예배하고 나면 그 다음에는 세상으로 나아가야 하지 않습니까? 제
가 볼 때는 예배가 교인들을 교회에 묶어두는 것 같습니다. 예배는
세상으로부터의 도피이고요. 세상에서 도피한 예배이니 세상으로
들어갈 일도 없겠지요.

그렇습니다. 기독교회의 예배가 세상으로부터의 도피일 수 있
습니다. 예배 후에 교인들을 왜 세상으로 제대로 파송하지 않느
는 질문이 뼈아프게 들립니다. 교인들이 세상에서 불려 나왔다
는 것을 제대로 알지 못하면 세속적인 마음을 그대로 가진 상태
로 예배하겠지요. 그렇게 세속적인 마음으로 예배했으면 세상
으로 들어간다고 하더라도 이전과 하나도 다르지 않을 것입니
다. 예배가 세상에서 불려 나옴이요 그 세상으로 파송받아 들어
감이라는 것을 깊이 생각해야겠습니다.

예배는 세상을 끌고 들어가는 것이다

예배는 세상과 어떤 관계에 있을까요? 예배하는 회중, 즉 기독교인들의 관점에서 생각해 볼 필요가 있습니다. 예배하는 회중은 세상에서 살던 사람들입니다. 좀 더 정확하게 말하자면 세상에 속한 사람들이었습니다(엡 2:2-3). 더 나아가 공중의 권세 잡은 자 마귀에 속했고, 육체의 욕심을 따라 지냈습니다. 하나님께서 그런 사람들 중에 일부를 선택하시고 부르셨습니다. 하나님께서 세상으로부터 불러내셨다는 것을 나타내 보이는 것이 바로 예배입니다. 예배에 믿지 않는 사람들이 참석할 수 있고, 예배를 구경할 수도 있지만 오직 세상으로부터 부름받아 나온 사람들만이 예배할 수 있습니다. 세상에서 불러내신 이들만이 예배할 수 있다는 말입니다.

예배는 믿는 자들만이 할 수 있지만 기독교회의 예배는 온 세상과 관련을 맺고 있습니다. 세상에서 불려나온 이들은 세상을 끌고 예배로 들어갑니다. 성도의 예배는 세상을 대표하여 예배한다는 뜻입니다. 하나님께서는 마지막 날에 온 세상을 예배하는 자리로 이끄실 것입니다(계 5:13). 그것을 미리 보여주는 것이 바로 성도의 예배입니다. 심지어 온 피조물의 예배를 대표하는 것이 성도의 예배입니다. 성도의 예배는 종말론적인 예배입니다. 우리는 예배를 통해 하나님께서 온 세상으로부터 받으셔야 하는 찬송과 영광을 돌립니다. 우리는 범우주적인 예배를 하고 있습니다. 우리 예배가 얼마나 영광스러운 일인지 모릅니다.

예배는 세상을 심판한다

우리가 예배할 때에 세상은 심판을 받습니다. 목사의 설교인 복음 선포가 세상을 정죄합니다. 세상의 죄를 지적합니다. 맞습니다. 설교가 아니고서는 세상은 심판받지 않습니다. 오직 하나님의 말씀이 세상을 심판합니다. 예수님이 하늘로 올라가신다고 하면서 제자들에게 성령이 오실 것을 말씀하셨습니다. 성령이 오시면 세상을 심판하신다고 하셨습니다(요 16:8). 성령께서 어떻게 세상을 심판하신다는 말입니까? 세상의 죄를 책망하므로, 그리스도만이 우리의 의라는 것을 드러내므로, 이 세상이 심판받는 것을 선포하심으로 정죄하십니다. 이것이 바로 예배에서 이루어집니다. 성령께서 예배를 통해 이 세상의 정체를 드러내시고 심판하십니다. 모든 종교마다 다 예배가 있습니다. 심지어 종교가 없는 이들도 다 예배한다고 볼수 있습니다. 무언가를 찬양하고 높인다면 그것이 다 예배이기 때문입니다. 이렇게 이 세상에는 예배가 수없이 많지만 기독교회의 예배는 세상을 정죄합니다. 세상은 예배를 통해 정죄를 당합니다. 예배는 온 세상을 끌고 들어가는 것이지만 예배를 통해 세상이 정죄를 받습니다. 우리가 세상을 공격할 필요가 없습니다. 세상이 우리를 핍박한다고 하더라도 우리가 뭉쳐서 세상에 반격을 가할 필요가 없습니다. 우리가 예배할때 세상은 심판을 받기 때문입니다. 믿지 않는 이들이 예배에 참석한다면 자기들이 심판받았다는 것을 느낄 수 있을 것입니다. 교회가 거룩한 전쟁을 선포해서가 아니라 예배가 세상의 죄와 인간의 의를 폭로하기 때문입니다.

하나님은 자기 백성을 세상으로 파송하신다

예배한 회중은 이제 세상으로 보냄을 받습니다. 파송이라고 말할 수 있습니다. 예배의 마지막 순서가 바로 이 파송입니다. 흔히들 '축도'라고 부르는 이 순서는 사실 '강복선언'입니다. 축도라고 하면 축복해 달라고 기도하는 것을 말하는 것이고, 강복선언은 복 주심을 선언하는 것입니다. 기도가 더 강력한 것입니까, 아니면 선언이 더 강력한 것입니까? 예배의 마지막 순서는 목사의 간절한 간구가 아니라 거룩한 선포입니다. 하나님께서 자기 백성에게 복을 주실 것이니, 이 세상에서 함께 하실 것이니 그것을 믿고 세상으로 나가라는 것입니다.

강복선언할 때 목사가 두 손을 듭니다. 왜 두 손을 드는 것일까요? 그것은 예수님께서 하늘로 올라가시면서 두 손을 들고 축복하시면서 올라가신 것을 보여줍니다(눅 24:50-51). 부활하신 예수님은 제자들을 버려두고 하늘로 훌쩍 떠나버리신 것이 아닙니다. 떠나시면서 축복하신 예수님은 지금도 하늘 보좌 우편에서 주님의 백성들을 복 주십니다. 예수 그리스도의 두 손은 지금도 들려 계신다고 말할 수 있습니다. 그것을 가장 생생하게 보여주는 것이 바로 목사가 두 손을 들고 강복선언하는 것입니다. 회중은 눈을 감고 있을 것이 아니라 목사의 들려진 두 손을 보는 것이 좋습니다. 목사의 강복선언을 통해 그리스도께서 지금도 자기 자녀들을 복주고 계신 것을 볼 수 있으니 말입니다.

예배는 세상에서 결판난다

예배가 시작되면 우리는 세상에서 나오고, 예배가 마치면 우리는 세상으로 들어갑니다. 예배는 세상으로 들어가기 위해 하는 것이라고 말해도 됩니다. 예배하고 나면 우리는 주께서 함께 하겠다고 약속하신 것을 보고는 세상으로 들어갑니다. "세상과 나는 간 곳 없고 구속한 주만 보이도다"라고 찬송하면서 세상으로 들어갑니다. 세상과 관계없는 예배는 예배가 아닙니다. 물론, 예배는 아무런 목적이 없어야 합니다. 우리는 세상에서 복 받기 위해 예배하는 것이 아닙니다. 우리는 다른 목적이 없고 오직 하나님을 찬송하기 위해 하나님께서 하신 일을 기뻐하면서 예배합니다. 그럼에도 불구하고 우리는 세상에서 살아가야 하기에 예배합니다.

'예배에 목숨을 걸라'는 말이 있습니다. 예배에 우리의 사활이 걸려 있다는 말입니다. 형식적으로 예배해서는 안 된다는 말입니다. 그런데 예배에 목숨을 걸 필요가 없습니다. 예배를 잘했는지 아니었는지는 예배 안에서가 아니라 예배 밖에서 결판나기 때문입니다. 예배 밖에서 예배가 결판납니다. 우리는 그것을 '삶의 예배'라고 부릅니다. 공예배를 제대로 했을 때에 삶의 예배도 제대로 할 수 있습니다. 또한, 우리는 삶의 예배를 한 것을 가지고 다시 공예배로 나아옵니다. 우리의 범죄와 실패도 가지고 나아옵니다. 공예배를 통해 다시금 용서받고, 말씀을 받고, 그리스도를 받고, 서로를 향한 헌신을 약속하면서 우리는 세상으로 나갑니다. 세상은 신자의 예배를 통해서 가장 크게 위로를 받고, 세상다워질 수 있습니다. 이래도 예배가 교인들을 예배당에 묶어 둔다고 말하겠습니까?

부록

코로나 예배 일지

2019년 마지막 날, 중국 당국이 원인 불명의 집단 폐렴이 발생했다는 발표를 했습니다. 한껏 늦춘 발표였습니다. 그리고 2020년 1월 8일, 국내에서 첫번째 의심환자가 발생했습니다. 중국 우한을 방문하고 귀국한 사람이 폐렴 증세를 보여 입원한 것입니다. 그 다음 날에 중국의 한 과학자가 이 폐렴이 신종 코로나바이러스에 의한 것일 가능성을 알렸고, 이 소식이 전 세계에 타전되었습니다. 1월 20일, 우리 질병관리본부는 첫번째 코로나19 환자가 발생했다고 발표했습니다. 코로나19와의 전쟁이 공식적으로 시작되었습니다. 우리는 처음에 이 소식을 대수롭잖게 보았다가 점차로 심각하게 받아들이기 시작했습니다. 작년 1월 말, 중국내 확진자 수가 기하급수적으로 늘기 시작했는데, 이는 광범위한 지역사회감염이 시작되었다는 증후였습니다. 이제 우리나라 차례였습니다. 우한에서 입국한 감염 환자와 접촉한 사람이 순식간에 감염되었다는 것이 밝혀지면서 지역사회 감염은 기정사실화되었습니다. 그렇게 코로나가 번져가면서 작년 한 해 동안 우리 온생명교회 예배가 변화된 모습을 추적해 보고자 합니다. 아마도 한국 대부분의 교회들이 이와 비슷한 모습을 겪었을 것입니다.

2-3월: 현장 예배와 가정 경건회를 병행하다

코로나 바이러스의 지역사회 감염이 기정사실화되면서 예배에 관한 문제가 발생되었습니다. 함께 모여 예배하면 코로나에 감염되고, 확산되기 쉽다는 것이 알려지기 시작한 2월 첫째 주일부터 온생명교회는 현장 예배와 가정 경건회를 병행하기 시작했습니다. 당회는 어린아이와 연로하신 어르신을 둔 가정은 현장 예배가 아닌 가정 경건회를 드려도 된다고 알렸습니다.

2월 18일부터 소위 말하는 31번 환자로 인해 대구에서 대유행이 시작되었습니다. 무서울 정도였습니다. 대구 경북지역에서 코로나가 무섭게 확산될 때에도 우리는 그곳과 거리가 멀리 떨어져 있다고 생각했기에, 주일에 쉬지 않고 현장 예배를 계속했습니다. 처음에는 3분의 1 정도의 성도들이 예배하고, 3분의 2 정도의 성도들은 가정에서 경건회를 가졌습니다. 어떤 가정들은 코로나 대유행을 심각하게 걱정하면서 왜 당회가 온라인 예배로 전환하지 않느냐고 불평하기도 했습니다. 그럼에도 불구하고 우리는 현장 예배와 동시에 예배당에 나오지 못하는 성도들은 가정에서 공예배 순서를 축소한 가정 경건회를 가지도록 권면했습니다. 당회는 아래와 같이 결정한 사항을 교인들에게 알렸습니다.

거의 전쟁에 준하는 비상시국이기에 당회는 종교개혁자들이 수요일에 금식하면서 공적기도회를 가진 것을 본받아 수요일에 '금식 기도회'를 가지기로 결정하고, 3월 첫째 주간부터 2달 동안 기도회로 모였습니다. 우리는 개혁자들이 죄 고백의 기도문을 많이 만들어 기도했다는 것을 알게 되었고, 이에 다양한 기도 제목들(코로나가 확산되어 가는 전 세계를 위해 – 방역당국과 의료인들을 위해 – 대구 경북을 위해 – 신천지의 거짓이 드러나도록 – 교회를 위해 등의 기도 제목이었다)과 함께 개혁자들의 그 기도문들을 하나씩 번역하여서 함께 기도했습니다. 아래에 그 기도문들을 소개해 봅니다.

주일 예배에 대한 당회의 결정

01 성도들께서 아시듯이 현재 대한민국은 코로나19 사태가 걷잡을 수 없이 확산되고 있는 상황입니다. 대구·경북지역을 포함하여 지역사회 감염이 광범위하게 확산되고 있는 상황입니다. 이에 방역당국을 포함한 지자체에서 주일의 회집을 유보해 달라는 요청을 계속해서 하고 있습니다. 사회적인 압력도 거셉니다. 몇몇 교회에서 확진자가 나오고, 성도들의 감염이 일어나면서 불안이 가중되고 있습니다. 예를 들어 시청에서 다음과 같은 문자가 계속해서 오고 있습니다. '코로나19가 이번 주 최대 고비라고 합니다. 국가적 재난 수준의 코로나19로부터 시민과 성도의 안전을 위해 온라인 예배나 가정 예배로 대체하여 감염병 확산 방지에 적극 동참해 주시기를 당부 드립니다'라는 문자입니다.

02 사회적인 염려로 인해 로마 가톨릭과 불교에서는 선제적으로 한 달 동안 미사와 법회 중단을 결정했다고 합니다. 기독교회는 상황이 많이 다릅니다. 중앙에서 일률적으로 집회에 대해서 결정하여 내려줄 수 있는 상황이 아니기 때문입니다. 확진자가 나온 교회는 예배당을 폐쇄하고 방역을 하고, 예배당에서의 공예배를 중단할 수밖에 없습니다. 그러나 2월 23일 주일부터 대부분의 확진자가 나온 대구·경북지역의 교회들이 주일 공예배를 온라인 예배로 대체하기 시작했습니다. 대구·경북지역이 아닌 곳에서도 대형 교회들이 중심이 되어서 주일 공예배를 온라인 예배로 대체하기 시작했습니다. 교인들이 많고, 서로를 알아보지 못하는 상황에서 신천지 사람들을 포함하

여 어떤 외부인이 들어와 예배에 참석하여 문제가 생길지 알 수 없는 상황이기 때문입니다.

03 온생명교회 당회는 우리의 표준문서(웨스트민스터 소교리문답 60 문)에 근거하여 '부득이한 일과 자비를 베푸는 일을 제외하고는 공사 간에 하나님을 예배하는 일에 하루를 온전히 사용할 것입니다'에 근 거하여 부득이하게 지난 두 주일(2/23, 3/1)을 오전 예배만 하기로 결 정했습니다. 그리고 다시 두 주일(3/8, 3/15)동안 동일하게 예배당에 서 오전 예배만 하기로 결정했습니다. 코로나19가 대구 · 경북지역을 넘어서 전국적으로 확산되고 있기 때문입니다. 이번 코로나19 바이 러스의 특성상 비말로 바이러스가 전달되기 때문에 공동 식사를 하는 것이 위험합니다. 그리고 오랜 시간동안 가까이에서 서로 대화하고 시간을 보내는 것이 위험합니다. 이에 공동 식사와 오후 예배를 하지 않고 오전 예배 한 번만 하기로 결정했습니다. 성도들이 주일에 모여 서 좀 더 성도의 교제를 나누고 오후 예배까지 함께 하지 못하는 것이 너무나 아쉬울 따름입니다.

04 차제에 공예배의 중요성에 대해 다시금 정리해 보아야 하겠습니 다 공예배는 세 가지 요소를 가지고 있어야 합니다. 첫째는, 온 회중 이 함께 회집해야 합니다(신 4:10). 그래서 우리는 휴일인 주일에 예 배합니다. 물론, 주일은 또 다른 의미가 있습니다. 그리스도께서 부 활하신 날이기에 우리는 주일에 모여 우리의 부활도 확인하고 기뻐 합니다. 즉, 매 주일은 부활절이라는 말입니다(웨스트민스터 신앙고 백서 21장 7항). 둘째는, 공예배에서 직분자의 역할이 중요합니다(엡 4:11-12). 공예배는 모든 직분자가 총동원됩니다. 목사, 장로, 집사(권 사)가 총동원됩니다. 목사가 예배 전체를 인도하면서 하나님의 말씀 을 선포하고, 기도와 찬송을 인도하고, 성례를 집례합니다. 장로는 목 회 기도를 포함하여 설교단과 성찬상과 세례단을 보호합니다. 또한 예배에서 긍휼의 사역자인 집사(권사)의 봉사가 드러납니다. 이렇게 직분자들의 섬김으로 인해 우리는 예배에서 하나님을 만날 수 있습니 다. 셋째는, 직분과 관련이 되어 있는 것인데, 예배에서는 은혜의 방

편이 온전하게 베풀어져야 합니다(엡 4:4-6; 고전 10:1-4, 16-17). 우리 개신교회에서 이 셋째 부분에서 조금 부족한 것이 있습니다. 예배 중의 말씀인 설교는 항상 있지만, 성례인 성찬은 예배 중에 항상 있지 않기 때문입니다. 사실, 성찬식이 없는 예배라면 언제든지 온라인 예배로 대체해도 문제가 없다고 생각할 가능성이 큽니다.

05 예배를 안 하겠다는 것이 아니라 많은 교회들이 온라인 예배로 대체하고 있는데 우리 교회는 왜 위험하게 예배당에서의 예배를 고집하냐고 물을 수 있습니다. 예배당이 구약 시대의 성전과 같다고 생각할 필요는 없습니다. 우리는 어디에서든 예배할 수 있습니다(웨스트민스터 신앙고백서 21장 6항). 하지만 우리가 주일 예배를 온라인 예배로 대체하지 않기로 결정한 것은 위에서 언급했듯이 회중이 한 장소에 모여서 직분자의 인도로 하나님 앞에 나아가는 특성 때문입니다. 온라인 예배는 공예배의 중요한 부분을 채우지 못하고 있습니다. 온라인의 역할이 점점 더 중요해지고 있고, 온라인 교회마저 생겨났습니다. 하지만 모든 교회는 지역 교회이고, 직분자의 인도로 은혜의 방편(말씀과 성례)이 베풀어지는 장소에 성도들이 회집하여 오프라인으로 예배하는 것이 무엇보다 중요합니다. 예배가 장소성, 회집, 직분적 봉사의 성격을 잃으면 예배에 심각한 결함이 있습니다. 그리고 공예배는 개인이나 몇몇 이들의 경건을 도모하는 경건회와 다릅니다.

06 아무리 그래도 코로나19의 지역사회 감염이 광범위하게 확산되고 있고, '사회적 거리두기'라는 캠페인이 벌어지고 있는 상황에서 온라인 예배를 하는 것이 좋지 않겠냐고 생각할 수 있습니다. 혹이라도 모여서 예배하다가 확진자가 생긴다면 사회의 지탄을 받지 않겠냐고 생각할 수 있습니다. 지금 상황에서는 혼자 어디에 격리되어 있는 상황이 아니라면 누구에게나 감염의 위험이 있는 것이 사실입니다. 그렇다고 우리가 모든 것을 차단하고 사회적 격리 상태에 들어가야 하는 것은 아닙니다. 현재 우리 사회는 코로나19의 비상시국임에도 대중교통도 평상시처럼 움직이고 있고, 시민들은 사업하고 직장에 다니고 장을 보는 등 일상생활을 하고 있습니다. 우리 사회가 올스톱되지

않기 위해서라도 우리는 경제 활동을 포함하여 이런 저런 활동을 해야 합니다. 사회의 모든 모임을 전면적으로 폐쇄해야 할 상황이 아니고, 우리 교회가 대형 교회가 아니라 회중이 서로를 잘 알기에 외부인으로 인해 일어날 문제도 없고, 서로 조심하고 배려하면서 예배해도 큰 무리가 없겠다고 판단했습니다.

07 다음과 같은 상황을 가정해 보자고 할 수도 있습니다. 우리 지역이 대구·경북지역과 같아지면 어떻게 할 거냐고 물을 수 있습니다. 그런 상황이 되더라도 오프라인 예배를 고집할 거냐 하는 문제입니다. 그것은 그때 가서 결정하면 되겠지만 혹 그런 상황에서는 말 그대로 온라인 예배를 해야 할 수도 있습니다. 하지만 그렇게 되더라도 온라인 예배는 임시적일 수밖에 없고, 극단적인 상황에서 예외적인 것이라고 생각해야 합니다. 우리는 임시적인 것과 예외적인 것을 일반화 시켜서는 안 됩니다. 중세 시대에 흑사병이 유행할 때 교회에 모여서 열심히 예배하면 그 전염병이 물러갈 것이라고 생각하다가 더 크게 확산되었던 적이 있습니다 무지 때문에 그랬습니다. 이것을 예로 들어서 우리가 예배로 모이지 않아야 한다고 말할 필요는 없습니다. 우리는 밀집해서 모일 때에 어떤 위험이 있는지 의학적인 지식을 충분히 가지고 있습니다.

08 지난 주일(3/1)이 코로나19 상황이 최정점에 달한다고 알려져서 교회에서 연로하신 성도들, 어린아이를 둔 가정들, 발열이나 기침을 하는 분들, 자가격리를 하는 분들은 가정에서 경건회를 가질 수 있다고 광고했습니다. 이에 몇몇 분들이 예배 참석이 어렵겠다고 알려왔습니다. 이 사실을 미리 알려온 분들에게 설교문을 보내면서 가정 경건회를 가질 것을 권했습니다. 그런데 주일 오전 예배 직전에 방송실에서 예배 실황을 할 수 있겠다고 해서 엉겁결에 중계를 했습니다. 예배후 집에서 있는 분들이 화면으로 성도들의 모습도 보이고 예배에 참여하게 되어서 고마웠다는 말을 들었습니다. 하지만 돌이켜 보니 공예배를 하는 상황에서 예배 실황을 중계하는 것이 바람직한 것이었을까 생각하게 되었습니다. 혹이나 예배에 참석한 분들 중에서 나도

집에서 예배 실황으로 예배했더라면 하는 생각을 가질 수도 있었겠고, 집에서 예배 실황을 보면서 예배하는 분들은 앞으로도 어려움이 있으면 이렇게 예배하면 좋겠다는 생각을 할 수 있었을 것입니다.

09 앞으로 두 주일(3/8, 3/15)동안 피치 못해서 예배에 참석하지 못하는 분들은 가정 경건회를 가지기를 당부합니다. 가능하면 오전 예배하는 시간에 경건회를 해 주시면 좋겠습니다. 가정 단위가 아니라 홀로 있는 분들은 함께 하지 못하는 것에 대해 더 큰 아쉬움을 느낄 것입니다. 사실, 그 아쉬움은 온라인 예배로 해소될 수 있는 것이 아닙니다. 너무나 안타까운 일이지만 우리가 몸이 떨어져 있더라도 이미 하나임을 고백하며 경건회를 가지기를 바랍니다. 이 경건회는 굳이 예배 순서를 그대로 따르지 않아도 됩니다. '신앙고백–찬송–기도–성경 본문 읽기와 설교문 읽기–묵상 나눔–기도–주기도문'의 순서로 하면 될 것입니다. 이것을 위해 설교문을 배포해 드리겠습니다. 가정 경건회의 중점은 예배와 달리 설교문을 읽고 말씀의 은혜를 함께 나누는 것에 있습니다. 홀로 경건회를 가지는 분들은 이후에 예배당에 와서 그 은혜를 나누기를 바랍니다. 가정 경건회는 예배를 대체하는 것이 아니라 예배로 나아가기 위한 준비가 될 것입니다.

10 코로나 19 사태는 주일과 교회의 예배 모습을 많이 바꾸어 놓고 있습니다. 이 사태가 한국 교회의 향후 모습에 큰 변곡점이 될 것입니다. 이것이 긍정적일 수도 있고, 부정적인 것일 수도 있습니다. 그동안 한국 교회가 예배를 강조했고, 그 결과 집단적인 신앙생활에만 매몰되었기에 이번 기회에 개인적인 결단을 하고는 주관적인 신앙생활을 하기 시작하는 계기라고 생각하는 이들이 많습니다. 하지만 이제는 더 이상 함께 모여 예배하는 것이 그렇게 중요한 것이 아니라고 생각하게 될 가능성도 얼마든지 있습니다. 우리가 의도한 것이 아니라고 할지라도 영상 예배가 이런 생각과 경향의 계기가 될 수도 있습니다. 신자라고 하더라도 타락한 본성을 가지고 있기에 주일에 공적으로 회집하는 것을 가볍게 생각하기 쉽습니다. 그래서 마지막 때가 될수록 모이기를 폐하는 무리들과 같이 하지 말라고 미리 경고했을 것

입니다(히 10:25).

11 코로나19 사태는 특정 지역에 대한, 특정 단체에 대한 하나님의 심판이라고 말하는 것을 조심해야 합니다. 그런 관점에서 보자면 다른 지역과 다른 단체는 더 큰 심판을 받아도 마땅한 곳들이 있을 것인데 심판받지 않고 있기 때문입니다(눅 13:1-5) 우리가 이번에 주일 한 번의 예배를 통해 우리 자신을 더 철저하게 돌아보아야 할 것입니다. 우리는 이 사태도 하나님의 허용 하에 일어나는 일이라는 것을 고백해야 합니다(하이델베르크 교리문답 27문). 우리는 우연하게 일어나는 일은 없으며, '하나님의 전능하고 언제 어디나 미치는 능력'을 믿습니다. 이 코로나19도 '아버지와 같은 그분의 손길로 우리에게 임했다'는 것을 고백해야 하겠습니다. 이 사태는 사실, 우리 기독교인들을 향한 경고입니다. 세상을 심판하시는 것조차도 교회를 향한 경고입니다. 우리는 개혁자들의 모범을 따라 하나님과 그분의 계명을 무시하며 살았던 것을 철저하게 회개해야 하겠고, '공적 금식과 공적 기도의 날'을 통해 주께로 돌이키고, 주님의 긍휼을 함께 구해야 하겠습니다.

12 종교개혁 시기에 흑사병이 유행할 때에 개혁자들이 예배를 중단했다는 기록을 찾기 힘들다고 합니다 개혁자들은 목사들이 흑사병 때문에 자기 임지를 떠나는 것을 책망하고 권징했습니다. 목사들이 그 목양의 임무를 다하다가 흑사병에 걸려 죽기도 했습니다. 교회는 신자들이 흩어지는 것을 막지는 않았지만 신자들도 적극적으로 흑사병에 걸린 이웃을 도왔습니다. 그것으로 인해 자신들의 몸이 희생당하는 일도 종종 있었습니다. 이것이 개혁신자들의 명성을 드높였습니다. 우리는 의도적으로 위험이나 감염에 노출시킬 필요가 없습니다. 게다가 우리 기독교인들이 사회에 짐이 되거나 감염원이 되어서는 안 될 것입니다. 우리는 이런 역병도 하나님께서 허용하신 것임을 믿고 우리 사회를 진정시키고 위로를 전할 수 있어야 하겠습니다. 자가격리중에 있는 이웃을 돌아보고, 이웃들에게 마스크를 한두 개 정도 양보하는 것으로부터 시작하면 좋겠습니다.

스코틀랜드의 개혁자 존 녹스의 〈1556년 기도서〉

오, 전능하시고 두려우신 주 하나님! 언약을 지키시고, 주님을 사랑하고 주의 계명들을 지키는 자들에게 긍휼을 베푸시는 하나님이시여! 우리는 범죄했고, 법을 어겼으며, 주님의 법과 규례들로부터 사악하고 뻔뻔하게 벗어났나이다. 우리는 주님의 종들, 선지자들이 주님의 이름으로 우리 왕들과 귀족들과, 우리 조상들과 우리 땅에 살고 있는 모든 이들에게 말씀하신 것을 결코 순종하지 않았나이다. 오 주님, 의로움은 주님께 속했고, 공개적인 수치는 우리에게 속했나이다...

지금까지도 우리는 우리의 이전 악행을 열심을 다해 회개하지 않고, 우리가 주님을 얼마나 심각하게 불쾌하게 했다는 것을 고려하지 않았나이다. 오, 주님! 주님은 죄와 사람의 고안물들을 정의롭게 심판하시나이다. 주님의 무한한 자비 외에는 우리의 한없는 악행이 계속될 수밖에 없나이다. 그러므로 주님, 우리를 돌이켜 주소서. 그리하면 우리가 주께로 돌아가겠나이다. 우리는 우리 자신의 의로움을 의지하여 우리 기도를 올려드릴 수 없고, 오직 주님의 무한한 자비에 의지하나이다. 주님은 죄악과 눈 멈으로 비참하게 종살이하던 우리에게 특별한 은혜를 내려 주셨고, 계속해서 자유하는 달콤한 복음으로 우리를 불러 주셨나이다. 하지만 우리는 주님의 선지자들을 통해 주신 권면을 저버리고 우리 자신의 욕정과 열망을 따라가므로 주님의 은혜를 가장 수치스럽게 남용했나이다. 다시 한번 더 주님의 이름을 힘입어 비오니, 여느 때와 다를 바 없는 부드러운 은혜 방울을 우리 위에 떨어뜨려 주소서...

그러므로 오 주님, 우리에게 귀 기울여 들어 주소서. 오 주님, 우리를 용서하여 주소서. 오 주님, 너무 오래 지체하지 마시고 주님의 사랑하시는 아드님 예수 그리스로 인해 우리에게 자비를 베푸시고 우리를 구원하소서. 그리하여 주님만이 주님의 거룩한 이름을 부르는 모든 자에게 자비를 베푸시는 동일하신 하나님임을 온 세상에 알리소서.

제네바의 개혁자 칼빈의 〈교회적 기도 양식〉
(스트라스부르 1545, 제네바 1542, 1566)

주 하나님, 영원하시고 전능하신 아버지시여, 우리는 주님의 거룩하신 위엄 앞에 가식 없이 고백하고 인정합니다. 우리는 가련한 죄인들이며 허물과 부패 가운데 잉태되고 태어났나이다. 악에는 무엇에든지 쉽게 끌리고, 어떤 선을 행하는 것이 불가능하나이다. 우리는 부패하여 끊임없이 주님의 거룩한 계명들을 범하나이다. 우리가 주님의 정당한 심판을 받는다면 패망과 저주를 받아야 마땅하나이다. 그러나 주님, 주님을 거스른 우리 자신에 대해 심히 불쾌하게 생각하나이다. 그리고 우리 자신과 우리의 악들을 진정으로 회개하면서 저주하나이다. 주님의 은혜로 우리의 비탄함을 줄여 주시기를 갈망하나이다. 그러므로 가장 은혜로우시고 긍휼이 많으신 하나님 아버지여, 주님의 아드님 우리 주 예수 그리스도의 이름으로 우리에게 긍휼을 베풀어 주소서. 우리의 악과 허물을 제거하여 주시듯 우리에게 날마다 성령의 은혜를 증가시켜 주소서. 우리가 온 마음으로 우리의 불의함을 인정하듯이 진정한 죄 고백에 이르는 슬픔을 느끼게 하소서. 우리가 우리 죄를 죽이는 것처럼 우리 주 예수 그리스도를 통해 주님을 기쁘시게 하는 의와 순전함의 열매를 맺게 하소서.

런던에 있는 네덜란드 난민 교회를 목회했던
'존 아 라스코'의 기도문(1555)

전능하시고 영원하신 하나님, 자비로우신 아버지시여, 우리가 겸손히 주님께 탄원하고 주님의 거룩한 위엄 앞에 우리 자신을 내려놓나이다. 우리가 공개적이고 가식 없이 고백하오니 우리는 너무나 심각하게 죄를 저질렀고 매일 끊임없이 죄를 저질렀나이다. 이 죄가 너무나 심각하여 주님의 위엄을 감히 쳐다볼 자격이 없고, 주님의 자녀로 헤아려질 어떤 자격도 없나이다. 우리는 죄악 중에 잉태되고 태어났나이다. 우리는 어떤 선도 없이 텅 비어있고, 모든 악으로 가득 차 있나이다. 우리는 셀 수 없이 주님의 규례들을 매일 범하나이다. 우리는 주님의 거룩한 위엄의 탁월함과 우리를 향하신 주님의 진심어린 아버지와 같은 친절함에도 불구하고 주님을 마땅히 공경해야 할 만큼 공경하지 않나이다. 우리는 주님의 계명을 거슬러서 우리에게 부과된 이웃에 대한 의무를 저버렸나이다(눅 15장; 시 51편; 창 6,8장). 우리는 주님의 정당한 심판을 받는다면 영원한 정죄를 무조건 받을 수밖에 없다는 것을 인정하나이다. 만약 주님의 심각한 심판을 넘어 주님의 사랑하시는 아드님으로 인해 베푸시는 주님의 자비가 승리하지 않으신다면 이 모든 정죄가 우리에게 고스란히 임할 것입니다.

사실, 주님은 그리스도 안에서 우리를 영접하기 위해 내려오셨나이다. 우리는 주님이 거룩하고 진실한 아버지와 같으시다는 가장 위대한 증거를 가지고 있나이다. 주님은 그들이 아직까지 멀리 있음에도 불구하고 회개하는 모든 자를 맞이하기 위해 달려 나가시나이다(눅 15장). 주님은 죄인이 죽는 것을 기뻐하지 않으시고 그가 돌아와 살기를 바라나이다. 주님은 우리를 껴안기 위해 달려가시고 반지를 끼우시고 제일 좋은 옷을 내어다 입히시나이다. 이것은 아드님을 통해 우리의 현재 언약 관계와 우리의 의로움을 상징적으로 보여주는 것이나이다(겔 18장). 우리는 주님의 이 인자하심을 전적으로 신뢰하기 때문에 우리는 가장 자비로우신 아버지의 은혜의 보좌 앞에 털썩 주저앉아 우리의 비참함을 애통해 하나이다. 우리가 주님의 사랑하시는 아드님의 공로를 의지하여 겸손히 주님께 간청하고 주님의 거룩한 구조를 탄원하나이다. 우리는 죄와 죽음에 종 노릇하는 자들에 불과하기에 우리 자신을 의지하여 이 모든 탄원을 하는 것이 아니옵고 우리의 의가 되시는 주님의 사랑하시는 아드님을 의지하여 구하나이다. 주께서는 주님의 성령을 우리에게 주셔서 그분의 거룩한 숨결로 바위와 같은 우리의 마음을 부드럽게 해 주소서. 또한 성령으로 우리의 마음에 주님의 거룩한 법을 새겨 주시기를 구하나이다. 주님의 자비로 인해 우리가 빛의 자녀로 살도록 해 주소서. 우리의 전 삶이 새롭게 되고, 새롭게 형성되도록 도우소서(겔 11장; 렘 31장; 엡 5장). 주님과 주님의 아드님과 주님의 성령님께 영광이 돌아가고, 주님의 교회가 세워지기를 원하나이다. 아멘!

화란의 칼빈주의 신학자
페트루스 다테누스(Petrus Dathenus)의 기도문

영원하신 하나님이시오 가장 은혜로우신 아버지시여, 주님의 고귀하신 위엄 앞에서 우리 마음 가장 깊은 곳에서부터 우리 자신을 겸손히 낮추나이다. 우리는 너무나 자주 그리고 사악하게 죄를 범했나이다. 만약 주님이 우리를 심판에 이르게 하기를 원하신다면(시 143:2; 욥 9:14) 우리는 영원한 사망 외에는 아무 것도 얻을 수 없다는 것을 고백하나이다. 원죄로 인해 우리는 전적으로 불순하며 정죄받은 자녀들이나이다(엡 2:3). 우리는 죄악된 씨로 잉태되었고, 불의함 가운데 태어났나이다. 우리는 모든 종류의 악한 욕정 속에 뒹굴고 있으며 주님과 우리의 이웃을 대항하여 전쟁을 벌이고 있나이다(롬 7:23; 갈 5:17; 마 15:19).

이 모든 것에 더하여 우리는 우리의 행위로 주님의 계명들을 종종 그리고 지속적으로 범했나이다. 우리는 주님이 명령하신 것을 무시했고, 명백하게 금하신 것들을 행하나이다(마 12:7; 15:3; 갈 5:17). 우리는 양과 같이 어그러진 길을 갔고(사 53:6; 벧전 2:25), 주님을 대항하여 심각하게 죄를 지었다는 것을 고백하옵고 마음으로 깊이 회개하나이다. 우리는 우리의 무익함을 고백하나이다. 우리를 향하신 주님의 긍휼을 찬양하면서 고백하옵나니 우리의 죄가 우리의 머리카락 수보다 더 많나이다(시 40:14). 우리는 결코 갚을 수 없는 일만 달란트를 빚졌나이다(마 18:24). 그러므로 우리는 주님의 자녀라고 불릴 자격이 없나이다(눅 15:21). 우리의 기도를 주님께 올려드리기 위해 우리의 눈을 하늘로 들 수도 없나이다(눅 18:13). 그러나 주 하나님, 자비로운 아버지시여, 주님은 죄인이 죽기를 원치 않으시고 죄인이 회개하고 살아나기를 기뻐하신다는 것을 아나이다(겔 18:23). 주께로부터 등을 돌려버린 이들에게도 주님의 자비가 끝이 없다는 것을 아나이다(롬 2:4; 10:12). 세상의 죄를 제거하시는 하나님의 어린양이신 우리의 중보자 예수 그리스도로 인해 우리 마음 깊은 곳에서부터 믿음으로 주님을 부르나이다(요일 1:7). 그리스도의 피의 순전한 샘에서 우리를 씻어 주소서(슥 13:1). 우리가 깨끗하게 되고 눈보다 희게 해 주소서(사 1:18). 주님의 이름의 영광을 위해 그리스도의 흠 없음과 의로움으로 우리의 벌거벗음을 덮어 주소서(고후 5:3). 우리의 눈먼 마음과 우리 마음의 모든 해악과 거만함을 정결하게 해 주소서(고후 3:14; 히 4:11). 이제 주의 종의 입을 열어 주소서(엡 6:19; 마 10:19). 주님의 지혜와 지식을 채워 주셔서 주님 말씀을 순전하게 담대히 선포하게 하소서. 우리의 마음을 전적으로 준비시켜 주셔서 주님의 말씀을 듣고 이해하고 지키게 하소서(마 13:23; 막 4:20). 주님의 약속을 따라 주님의 율법을 우리 마음판에 새겨 주소서(히 8:10; 10:16). 우리에게 율법을 따라 걷는 경향성과 힘을 주셔서 주님의 이름에 찬송과 영광이 돌아가고 주님의 교회가 세워지기를 구하나이다.

코로나의 지역사회 감염이 걱정스러울 정도가 되자 교회에 대한 사회적인 압력이 거세어졌습니다. 회사 등에서는 기독교인들에게 주일에 예배당에 가서 예배했는지를 물어보기 시작했습니다. 내가 기독교인이라는 것을 아는 이웃들은 지난 주일에 예배당에 갔는지도 물어보기 시작했습니다. 이에 교인들은 큰 혼란 속에 빠졌습니다. 교회 내, 외적으로 혼란이 가중되었습니다. 교회 내적으로는 오프라인 예배를 계속해야 하는지, 말아야 하는지 논쟁이 계속되었고, 교회 외적으로는 위에서 언급했듯이 예배당에 모이는 것 자체를 이웃을 향한 공격으로 여기는 문제에 직면하게 되었습니다. 이에 교인들 중에서도 예배당에 오는 것을 꺼리면서 앞으로 어떻게 해야 할지, 그리고 교회는 어떤 곳인지, 기독교인은 어떤 사람들인지 고민하기 시작했습니다. 한 교인이 자신의 고민을 담은 글을 썼는데, 그 고민의 일단을 한번 들어봅시다.

공예배를 안 나가보니

내가 소속된 교회는 코로나 확진자가 쏟아져 나올 때에도, 이후에 사회적 거리두기를 할 때에도 현장 예배를 지속했다. 물론 노약자나 아이들이 있는 경우엔 집에서 가정 경건회를 가지는 것을 허용했다. 우리 교단의 다른 교회들은 어떻게 하고 있는지 궁금해서 인터넷으로 여기저기 알아봤다. 이미 사태 초기부터 온라인 예배로 전환한 곳도 있었고 여전히 현장 예배를 고수하는 교회도 적지 않았다. 신대원 교수회는 이러한 특수 상황에서는 현장 예배 외의 형태도 가능하다는 열린 입장을 내놨다. 나는 처음에는 당회가 어떤 결정을 하든 무조건 따르기로 생각했었는데 현장 예배가 지속되면서 마음이 점점 불편해졌다. 갈수록 정부와 방역당국, 공직자들은 교회를 콕 집어 주일 모임을 자제해 달라고 요청해왔고 예배 때마다 현장 점검을 받아야 했다. 급기야 대통령까지 나서서 교회를 특정하여 조심해 달라고 했을 땐 내 불편함이 극에 달했다. 사실 순간적으로 화를 참기가 어려웠다. 정부와 사회의 요구가 정당하다고 생각하지 않았던 것이다. 그럼에도 나와 아내는 공예배에 나가지 않기로 했다. 그리고 그 결심이 4주간이나 이어졌다. 나와 아내는 그 4주 동안 계속해서 우리가 왜 예배에 안 나가고 있는지 고민하고 또 고민했다. 그리고 그 이유를 나름대로 정교하게 다듬었다.

'사회는 교회의 현장 예배 지속에 엄청난 불안과 염려를 느끼고 있고 예배 중단을 요구하고 있어. 감염병 대유행 속에서는 이 대중의 불안 심리가 정치, 교육, 경제 등의 모든 정책을 좌우하기 때문에 이 사회의 불안은 실제적인 거야. 교회는 이 불안을 해소시켜 줄 책임이 있고. 그리고 실제로 정통 교단 교회라는 곳에서도 환자들이 나오면서 사회적 거리두기 기간이 더 연장되었잖아. 이게 서민들의 삶, 자영업자들의 삶을 더 어렵게 만들고 있어. 교회가 이웃 사랑은 커녕 오히려 사회에 해를 끼치고 있다니까! 이 때 교회가 종교적인 입장만을 고수하고 독선적으로 나간다면 정말 이제는 신뢰를 회복하기 어려울 거야. 또 공직자들까지 노골적으로 요구하고 있으니 일단 순종해야 해.

그리고 이 불안과 염려, 질타, 분노가 그동안 교회와 기독교인이 사회에 보여준 안 좋은 모습들에서 비롯되었으니 교회는 이것을 하나님의 질책으로 알고 사회의 요구를 달게 받아야 해. 하나 더 있어. 2m 거리를 둬야 하는데 우리 가족이 많기 때문에 예배 때 이게 안 지켜질 수도 있어.'

나는 무엇보다 교회에 대한 세상의 질타와 적개심에 많이 힘들었던 것 같다. 그리고 이것은 교회에 대한 세상의 핍박이라기보다 하나님께서 바이러스를 통해, 세상을 통해 교회와 신자들을 책망하신다고 생각했다. 아니 그렇게 강하게 느껴졌다. 나 개인적으로도 세상 사람들과 똑같이 세속적인 욕망을 따르고 살았으니 세상이 욕하는 게 당연했다. 그런데 겉으로는 나와 교회의 도덕적 실패인 것처럼 드러나긴 했지만 '이게 단지 도덕만의 실패인가? 하나님에 대한 감수성이 없으니 세상 감수성도 부족한 것이지 않은가? 하나님을 사랑하는 사람이, 하나님을 제대로 예배하는 사람이 세상에서 함부로 할 수 있나?'라고 생각했다. 예배를 제대로 안 드려서 예배할 수 없는 상황이 된 것 같다고 생각했다. 하나님을 제대로 예배하지 않으니 하나님께서 세상을 통해 그런 예배는 그만 하라고 하시는 것 같았다.

마음 한켠이 계속 불편하다. 교회 단톡방을 통해서 우리 부부의 생각과 예배 불참의 안타까움을 표현하긴 했지만 교회가 예배를 닫지 않았음에도 다소 독단적인 행동을 보인 것이 신경 쓰였다. 사실 더 근본적으로는 이런 결정에 대해 하나님께서 뭐라 하실지 확실하지 않아서 그것이 더 불편하고 괴로웠다. '나는 왜 이런 결정을 내렸는가? 내가 예배 출석하는 다른 성도들보다 사회에 대한 책임의식이 더 강한 것인가? 기독교인으로서의 사회적 감수성이 더 풍부하기 때문인가? 아니면 단지 사회의 시선이 너무 따가워서 견딜 수가 없는 것인가? 내가 지나치게 세상의 눈치를 보고 있는 건 아닌가? 하나님께서 정말 예배를 그만해도 좋으니 세상 사람들 말 들으라 하셨는가? 너무 쉽게 예배를 포기한 건 아닌가? 나는 정말로 예배를 그렇게 소중하게 여기고 있는가? 예배로 하나님을 영화롭게 하는 것을 내 목적으로 삼고

있는가? 만약 내가 예배를 통해 매주 영혼이 소성하는 경험을 해 왔다면 과연 예배를 포기했을까?'

한편으로 공예배에 대한 불온한 생각도 들었다. '지금 우리가 하는 식의 공예배가 꼭 그렇게 중요한 것인가? 정말 성경은 지금 우리가 하는 공예배를 강력히 지지하는가? 하나님께서 이 시대의 공예배를 독보적으로 사용하시는가? 개체 교회에 여러 명이 모여서 하는 주일 공예배가 어떻게 하나님 나라와 연결되는지, 어떻게 우주적, 보편적 교회와 연결되는지, 어떻게 세상과 연결되는가?' 뭔가 잡힐 듯 하면서도 잘 잡히지 않는다. 이게 좀 더 분명하게 인식되면 좋겠는데 말이다. 이게 잘 안되니 나도 그렇고 자녀 세대도 어려움을 겪는 것 같다. 우리의 공예배가 개체 교회 안에서 뿐만 아니라 개체 교회 밖의 모든 것과 관계된 것임을 성경은 어떻게 분명하게 지지하고 있는지, 2천 년 교회사는 어떻게 실증적으로, 귀납적으로 뒷받침하고 있는지 궁금해진다.

처음에는 주일에 집에 있는 것이 어색했는데 그게 금방 적응이 되었다. 4주가 그리 긴 시간도 아닌데 교회 소속감이 조금씩 옅어지는 것 같았다. 아이들도 그럴까봐 걱정이 되었다. 4주 안 나갔다고 이러는 걸 보면 '그동안 교회에 진정으로 뿌리내리지 못하고 있었던 게 아닌가? 다른 성도들과의 교제도 참 피상적이지 않았나?' 하는 생각이 들었다. 조금 있으니 더 근본적인 물음이 밀려왔다. '나는 그동안 왜 교회를 다녔을까? 나는 공동체를 매우 필요로 하는 성격인데, 나한테는 교회만큼 편한 곳이 없으니 교회를 가족의 확장으로서 여기면서 다녔던 건가?' 그런 것 같기도 하다. 조금 더 있으니 이번엔 더욱 더 근본적인 물음이 찾아왔다. '나는 왜 하나님을 믿는 건가? 나는 왜 무신론자도 아닌, 불교 신자도 아닌 기독교인가? 나의 종교심 때문인가? 기독교에서 말하는 하나님 같은 분이 없으면 세상 불안해서 살아갈 수 없기 때문인가?' 정말 그런 것 같다. 나는 그런 하나님께서 없으면 정말 절망적일 것 같다. '이게 믿음인가? 믿음이 있는 것인가, 없는 것인가?' 만 40년을 교회를 다녔는데 4주 동안 예배 안 나가고 이런 생각들이 든다. 정말 근본 없는 나다. 당최 내 안에서 무언가 답이 찾아지지가 않는다.

한편으론 공예배에 안 나가는 4주 동안 마음 한 켠으로 조금 편안해짐도 느꼈다. 주일에는 피곤하고 몸이 안 좋아도 성도들과의 교제에 힘써야 하고 또 공적으로 맡은 역할도 감당해야 하니 그게 좀 부담이 되었던 것 같다. 서로에 대한 짐을 지지 않는 것도 속 편하다는 생각도 들었다. 우리가 서로에게 속해 있으니 서로에게 자신을 내어 주어야 한다는 얘기를 많이 듣는데 사실 이게 본능적으로 저항감을 일으켰다. 일주일에 한 번 만나는 사람들을 보면서 우리가 서로에게 속해 있다는 사실을 인식하기가 쉽지 않았다. 교인들간의 관계도 인간관계적으로만 보면 피상적이긴 마찬가지이다. 하긴, 매주 똑같은 사람들끼리 모여서 예배하는 게 뭐 그리 대수인가? 참 별 볼 일 없어 보인다. 이제는 교회 사람들, 교회 문제들에 별로 신경 쓰고 싶지 않은 생각도 들기 시작했다. 이 소수의 사람들과의 관계가 다른 관계들보다 더 중요한 이유가 뭔지 잘 모르겠다. 안 그래도 교회 밖의 인간 관계에도 엄청난 에너지가 소모되는데 말이다.

생각이 여기까지 왔다. 4주간 공예배 나가지 않는 동안 거의 불신자가 다 된 듯하다. 그러나 원래 그랬을 것이다. 원래 나라는 존재는 이렇게 비참한 상태였을 것이다. 공예배를 나가지 않고 교제를 안하다 보니 자기에게만 몰두하는 죄의 본질을 더 선명하게 느끼는 것 뿐이다. 이것도 꼭 나쁘지는 않다. 다시 생각해 본다. 별 볼일 없어 보이는 매주의 공예배, 그리고 성도간의 교제가 아닌가. 우리가 이것을 하지 않으면 과연 기독교인으로 남을 수 있을까? 유럽의 자칭 기독교인들처럼 교회에 얽매이지 않은 훨씬 큰 기독교를 살아낼 수 있을까? 다시 정신을 차리고 가만히 생각해보면 공예배는 우리 성도들간의 그 '참을 수 없는 관계의 가벼움'에 대해 뭔가 해결책을 제시하는 것 같다. 서로 나뉘지 않는 몸, 즉 그리스도의 몸에 우리가 다 연합되어서 한 아버지를 부르고 있으니 말이다. 나는 예배 시간에 아이들이 설교 내용을 잘 이해했으면 하지만 그것보단 그 예배 자리에 여러 성도들과 몸으로써 함께 했다는 사실을 더 중요하게 여기기를 바란다. 예배는 기본적으로 하나님의 구원을 감사하는 자리인데, 이 구원이 다름 아닌 그리스도의 몸에 우리가 다 속하게 된 것이고 또 서로에게도 속하게 된 것이라는 사실을 예배를 통해 나와 아이들이 분명하게 느끼기를 바란다. 나를 찾아와서 나를 대혼란에 빠트렸던 질문들에 대한 답은 아무리 찾아도 내 안에서는 찾을 수 없을 것이다. 나는 다시 그리스도와 그의 지체들을 바라본다. 그 안에서 내가 발견되기를 바랄 뿐이다.

예배 시간에 서로 한 몸 된 것을 더 생생하게 누리려는 노력도 필요한 것 같다. 앞만 보게끔 놓인 예배당 의자들의 배치를 좀 바꿔서 서로의 존재를 인식하며 예배할 수 있게 한다든지, 예배 순서에 여러 성도들이 돌아가며 순서를 맡는다든지, 성찬 예식에서도 하나의 떡과 하나의 잔을 받는 것을 더 선명히 인식하도록 하는 지혜들 말이다. 물리적 거리, 곧 몸의 거리에 우리가 크게 영향을 받는다는 점도 잊어서는 안 될 것 같다. 서로 입맞춤으로 문안하라는 사도의 권면이 사실 서로 하나 된 것을 몸으로써 분명하게 확인하라는 말이지 않을까.

우리 가족이 소속된 교회 당회는 처음부터 온라인 예배는 고려하지 않은 것 같았다. 가정 경건회도 '가정 예배'라 부르지 않았다. 당회는 공예배가 다른 형태로는 대체될 수 없음을 최선을 다해 표현했다. 말로만 한 것이 아니라 말을 하지 않음으로서 더 그렇게 했다. 공예배의 가치와 절대성이 훼손되지 않도록 아주 신중하게 임했다. 신대원 교수회는 공예배 지속 여부를 각 개체 교회 당회가 결정해야 하고 그 결정을 교인들이 잘 따를 것을 권고했다. 각 교회마다 상황이 다를 수 있기에 개체 교회 당회를 통해 하나님께서 상황에 맞게 다스리실 거라는 믿음일 것이다. 그런데 공예배 지속 여부가 당회, 특히 담임목사의 예배에 대한 생각, 주관, 성향에 의해 크게 달라진다는 인상도 받는다. 사실 이 점이 이상하지는 않다. 개체 교회의 독립성, 직분자의 성향과 생각을 통해서 하나님께서 더 자유롭게 주권적으로 역사하실 것이니 말이다.

처음에는 예배를 닫지 않는 당회가 조금 고집스러워 보였다. 성도들은 정말 치열한 고민을 하고 사는데, 아니 고민이라기보다는 너무나 큰 고통인데, 세상과 교회를 동시에 살아내야 하는 성도들의 이 고통스런 양심을 당회가 잘 몰라주는 것 같았다. 그런데 당회 입장에서는 예배를 끝까지 닫지 않는 것이 가장 어려운 선택이었을 것이다. 당회는 끝까지 공예배를 포기하지 않았기에 성도들은 예배를 쉽게 생각할 수 없게 되었다. 한쪽으로는 조건부로 가정 경건회를 허용함으로써 마음의 어려움이 있는 성도들이 선택할 수 있는 길을 열어주었다. 하나님에 대한 감수성으로 충만해야 하면서 동시에 교인들의 생각과 사회 여론에 매우 적절하게 반응해야 하는 고충을 누가 알까. 당회원들께 경의와 감사를 표하고 싶다.

4–5월: 가정 심방을 하지 않기로 하다

대구와 경북에서 신천지 교인들로 인한 코로나 대유행이 시작된 2월 중순부터 우리는 주일 오전 예배만 하기 시작했고 봄에 시작해야 할 가정심방이 어려워졌습니다. 당회는 4–5월에 있을 가정 심방을 전화로 대체하기로 하고, 코로나로 인해 힘들어하고 고통당하고 있는 성도들을 위해 가정으로 작은 선물(케익)을 보내기로 결정했습니다. 가정으로 작은 선물을 보내면서 아래와 같은 메시지를 내보냈습니다.

사순절을 보내면서

사랑하는 성도 여러분, 지금 전 세계는 코로나19로 인해 큰 혼란과 두려움에 사로잡혔습니다. 만물이 고통하고 탄식하는 소리를 들을 수 있습니다(롬 8:22). 눈에 보이지도 않는 너무나 작은 바이러스가 인류가 자랑하던 거대한 과학기술과 경제체제와 인류문명을 서서히 무너뜨리고 있습니다. 우리 인생이 그동안 얼마나 교만하게 행했는지, 교만하여서 하나님의 자리에 서 있었다는 것을 돌아볼 수밖에 없습니다. 우리는 단지 인생일 뿐이요, 하나님 앞에 겸손히 엎드려져 주의 긍휼을 구해야 하는 시간들입니다. 수많은 생명을 빼앗기고 너무나 비싼 값을 치르고 사투하는 우리의 노력이 헛되지 않기를 구할 따름입니다.

우리 온생명교회는 사회적인 압력이 거세었음도 불구하고 지금까지 주일에 예배당에서 예배를 계속해 오고 있습니다. 방역당국에서 제시하는 7대 방역 수칙을 잘 준수하며 예배해 왔습니다. 이것이 자랑은 아닙니다. 예배에 함께 참여하지 못하는 안타까운 마음을 안고 가정 경건회를 가지는 가정들이 있습니다. 이런 고난의 때에 그동안 우리가 함께 모여서 예배하고 성도의 교제를 나누던 것이 결코 당연한 것이 아니었으며, 얼마나 크게 감사해야 할 일이었는지 새삼 깨닫게 됩니다. 주께서 은혜를 베풀어 주셔서 어서 속히 함께 모여 삼위 하나님을 마음껏 찬양하며 성도의 교제를 풍성하게 나누기를 바랍니다.

올해 교회력으로 우리가 지금 사순절을 보내고 있습니다. 온 땅이 신음하고 고통하고 있는 이 때에 우리는 오직 그리스도의 고난 받으심이 이 땅과 우리의 구원이 된다는 것을 더 절실히 깨닫고 있습니다. 인간의 어떤 공로나 업적과 희생이 우리를 구원할 수 있는 것이 아닙니다. 그리스도의 십자가 죽음은 우리와 함께 죽은 죽음이라는 것이 복음입니다. 이제 곧 우리는 부활절(4/12)을 맞이하게 됩니다. 그리스도는 홀로 부활하신 것이 아니라 우리와 함께 부활하셨다는 것이 또한 복음입니다(롬 6:5). 우리가 부활절을 간절히 기다리는 것은 그리스도의 부활이 곧 우리를 품은 부활이기 때문입니다. 우리는 살아날 것입니다.

이 세상에는 여전히 죽음이 기승을 부리고 있지만 우리는 부활하신 그리스도로 인해 생명을 노래할 것입니다. 하나님의 자녀들인 우리가 선을 행하여 세상이 우리를 통해 하나님께 영광 돌려야 함에도 불구하고(마 5:16) 현실은 그렇지 못해서 고개를 들 수가 없습니다. 그렇기 때문에 더더욱 우리의 구원은 우리의 어떤 노력과 열심히 이룰 수 없다는 것이 분명합니다. 오직 하나님과 하늘 아버지께서 보내신 그리스도와 우리 가운데서 끝까지 일하실 성령님으로 인해 위로와 힘을 얻기를 바랍니다.

부활절을 앞두고 당회에서 각 가정으로 작은 선물을 하나 보냅니다. 단 것을 맛보시고 주님이 우리에게 영원토록 베풀어 주실 단 것을 기대하시기 바랍니다. ^^ 우리가 하늘나라에 들어가려면 앞으로도 많은 환란을 겪어야 하겠지만(행 14:22) 우리의 영혼을 양육할 어머니와 같은 교회가 있고, 영원히 함께 길 갈 성도들이 곁에 있으니 우리의 발걸음이 그렇게 무겁지는 않을 것입니다. 그리스도께서 마귀와 죽음 권세를 깨뜨리셨으니 우리는 반드시 이길 것입니다. 주님이 오고 계십니다(계 22:20). 그리스도께, 그리고 교회에 묻어 가시기 바랍니다. 속히 뵙고 함께 노래하기를 바랍니다.

사순절이 지나고 부활절이 되었지만 코로나는 물러날 기미가 없었습니다. 온 교회가 함께 모여 부활의 은혜를 축하하고 성찬도 나누기를 바랬는데, 그럴 수 없게 되었습니다. 일각에서는 부활절 자체를 미루어 놓자는 말들도 나왔습니다. 하지만 우리는 이렇게 부활을 축하하기 힘들 때가 도리어 부활을 원래 의미대로 기뻐할 수 있겠다는 판단에서 많은 성도들이 모일 수 없었지만 부활을 축하했습니다. 많은 성도들은 각 가정에서 부활절을 보낼 수밖에 없었습니다. 당회는 코로나로 인해 올해 부활절은 부활을 더 간절히 소망할 수 있게 되었다는 메시지를 내보냈습니다.

부활절을 마음껏 축하할 수 없을 때

올해 우리는 가장 침울한 부활절을 맞이하고 있습니다. 부활절을 마음껏 축하하면 안될 것 같습니다. '코로나19 바이러스가 전 세계로 확산되고 있고 수 만 명의 사람들이 죽어 나가고 있는데 부활절이 왠 말이냐? 미루어 놓았다가 정말 기쁘게 축하할 수 있을 때 축하하자'고 말하는 이들도 있습니다. 그렇지 않습니다. 올해는 마음껏 축하하지 못하는 부활절이니까 부활의 의미가 더 분명하게 드러납니다. 부활은 우리가 살아나고 재기할 것 같은 느낌이 아니라 하나님께서 우리의 생명이라는 것을 노래하는 것입니다.

요즘 같으면 부활을 노래할 기분이 아닙니다. 그런데 마음껏 기분 내면서 부활절을 축하하는 것은 진정한 축하가 아닙니다. 내 기분 좋은 부활절은 참된 축하가 아닙니다. 부활절은 부활과 가장 어울리지 않는 이들이 제대로 축하할 수 있습니다. 고통과 재난이 사라졌기 때문에 부활절을 축하할 수 있는 것이 아닙니다. 이 땅을 사는 한 우리는 고난과 고통가운데서 부활절을 기념하고 축하합니다. 우리는 고통과 재난 가운데서 이미 얻은 부활, 장차 누릴 온전한 부활을 사모하며 축하합니다.

부활이 일어나지 않을 것 같은 느낌이 들어도 우리는 부활을 기뻐할수 있습니다. 연약함이 없어지고 강해져야 부활을 기뻐할 수 있는 것이 아닙니다. 코로나19가 완전히 잡혀야 우리가 부활을 기뻐할 수 있는 것이 아닙니다. 부활은 최선의 상황에서만 기뻐할 수 있는 것이 아닙니다. 우리는 죽음의 기운을 생생하게 느끼는 와중에도 부활을 노래할 수 있습니다. 부활은 우리가 만들 수 있는 것이 아니고 하나님께서 일으키시는 것입니다. 부활은 우리의 상황을 말하는 것이 아니라 하나님의 주권을 보여주는 것입니다.

나는 부활절을 마음껏 축하할 수 있는 처지가 아니라고 말하는 이들이 많습니다. 부활축하는 능력 있는 사람들이나 할 수 있는 것이라고 생각합니다. 아닙니다. 부활은 우리 상황이나 처지가 결정하는 것이 아닙니다. 우리는 하나님께서 일으키시는 부활을 믿어야 할 뿐만 아니라 삶을 새롭게 바라보는 관점을 가져야 합니다. 우리는 그리스도와 함께 이미 부활했다는 것을 믿어야 합니다. 우리는 하나님께서 고통하며 신음하고 있는 피조물들도 살리실 것을 기대해야 합니다. 성령께서 부활의 능력을 발동시키기 시작하셨기에 결코 되돌릴 수 없습니다. 부활을 마음껏 축하할 수 없을 때 가장 잘 축하할 수 있습니다.

6-7월: 주일 오후 예배도 드리다

부활절이 지나도 코로나의 기세를 꺾이지 않았습니다. 부활절을 미루어 놓았다면 올해는 아예 부활절을 축하하지 못할 뻔했습니다. 신천지 신자들로 인한 코로나의 급속한 전파는 좀 누그러졌지만 코로나의 전국적인 확산이 기정사실이 되었습니다. 이때부터 '뉴노멀'이라는 말이 유행하기 시작했습니다. '새로운 기준', '새로운 일상'이라고 번역할 수 있을 법한 말인데, 이제는 코로나와 더불어 살아가야 한다는 생각을 하기 시작했던 것입니다.

점차로 방역당국과 일선 의료진들, 그리고 국민들의 현명한 대처로 인해 코로나 사태가 안정되어 가기 시작하던 5월 하순부터 식사를 간편식으로 하고 난 후 주일 오후 예배도 제개했습니다. 현장 예배는 2/3 수준으로 회복되었습니다. 6월에는 그 전부터 해오던 것인데, 주중에 전교인이 읽어야 할 성경 본문을 간단하게 정리하고 요약하는 시간을 가졌고, 7월부터는 주일 오후 예배 때 주일 오전의 말씀을 요약하고 나누는 시간을 가지기 시작했습니다. 모처럼 찾은 주일의 평범한 일상이었습니다. 오후까지 함께 교제하고 말씀을 나누는 것이 얼마나 큰 은혜인지를 알게 되었습니다. 그 전에는 오후 예배에 참석하지 않는 성도들이 있기도 했지만 이제는 대부분 오후 예배에 참석하여 함께 말씀을 나누는 복된 시간을 가지게 되었습니다.

8-9월: 가정 경건회만 가지다

코로나 사태가 안정되어 가는 듯 보였는데 8월 중순부터 상황이 심상치 않았습니다. 급기야 몇몇 교회들과 8·15 광화문 집회의 여파인지 코로나 확진자가 무섭게 늘어가기 시작했습니다. 방역당국은 두 주 동안 모든 교회의 예배를 비대면으로만 진행해야 한다고 극약처방을 내렸습니다. 이에 당회는 고민하다가 그 요구를 수용하기로 하고 그동안 하던 현장 예배를 아예 중단하고서 목사를 포함한 모든 성도들이 있는 처소에서 경건회를 가지기로 결정했습니다. 목사인 본인도 주일에 예배를 인도하지 못하고 평생 처음으로 가정 경건회를 가지게 되었습니다. 이에 당회가 교인들에게 재차 가정(개인) 경건회 지침을 알렸습니다.

가정(개인) 경건회 지침

당회는 코로나19의 광범위한 확산으로 인해 사회적 거리두기가 제2단계로 격상된 것을 감안하고 방역당국이 향후 두 주일 동안 비대면으로 예배해 줄 것을 요청한 것을 수용하여 두 주일(8/23,30) 동안 비대면으로 예배하기로 결정했습니다. 두 주일 동안 개인적으로나, 아니면 각 가정에서 경건회를 가져 주시기 바랍니다. 이에 가정 경건회 혹, 개인 경건회를 위한 지침을 아래와 같이 제시합니다.

01 경건회의 중요성 ┃ 코로나19의 광범위한 확산으로 인해 주일의 공예배를 가정 경건회로 대체합니다. 이런 상황에서 일반적으로는 교회들이 몇몇 최소 예배인원들이 모여 예배를 녹화하면서 동시에 송출하여 교인들이 있는 곳에서 영상 예배에 참여합니다. 우리 온생명교회는 이런 영상 예배보다는 각 가정이나 개인이 경건회를 가지도록 결정했습니다. 영상으로 예배에 참여하는 것이 가장 편한 방식일수 있지만 개인적으로나 가정에서 주일 예배 순서를 요약한 경건회를 가지는 것이 공예배를 대체할 수 있는 가장 바람직한 방식이라고 생각했기 때문입니다. 온생명교회 교인은 다른 교회에서 송출하는 영상예배에 참여하는 것보다는 힘들더라도 가정 경건회를 가집니다.

02 경건회 준비 ┃ 토요일부터 주일을 위해 잘 준비하여야 합니다. 예배당에 가지 못하고 가정과 있는 처소에서 주일을 보내야 하기에 무료하게 하루를 보낼 수 있습니다. 가정이나 개인의 처소에서 경건회를 가지더라도 함께 모여 공예배를 한다는 마음으로 경건회를 준비해 주시기 바랍니다.

03 가장의 역할 ┃ 가정 경건회에서는 가장의 역할이 중요합니다. 처음 해 보는 일이라 어색하더라도 가장이 경건회 전체를 순서대로 잘 인도하기 바랍니다. 여러 가지 상황으로 가장이 경건회를 인도할 수 없는 경우도 있을 것입니다. 이 때는 가족 중 다른 사람이 경건회를 인도하면 됩니다. 개인경건회의 경우도 크게 다르지 않게 본인이 가

장이라고 생각하면서 경건회를 진행하면 될 것입니다.

04 경건회 진행 | 가정 경건회, 혹 개인경건회는 정해진 시간(오전 11시)에 주일에 예배에 참석한다는 마음으로 옷차림을 단정하게 하여 함께 한 장소에 모여 경건회를 가집니다. 가정 경건회를 가지기 2시간 전에 경건회 순서와 설교문을 교인 카톡방에 올리겠습니다. 이것을 참고하여 경건회를 진행하면 됩니다. 경건회는 1시간 정도 진행하면 됩니다.

05 참여와 기도 | 경건회 모든 순서에 온 가족이 적극적으로 참여해야 합니다. 혼자 생활하는 경우에도 개인적으로 경건회를 동일하게 가져주시기 바랍니다. 함께 조용히 찬송하고, 경건회중에 있는 '기도'를 위해서는 기도자를 미리 정해서 기도하도록 하는 것이 좋습니다. 기도자가 마땅하지 않으면 가장이 기도를 인도하면 됩니다.

06 설교문 | '설교문'은 가장이나 개인이 적당한 크기로 소리내어 읽습니다. 아이들에게 설교문이 너무 길다고 느껴지면 조금씩 나누어서 읽어 아이들의 눈높이에서 진행하면 좋겠습니다. 설교문을 다 읽고 난 다음에는 설교문에 대해 10분 정도 함께 나누는 시간을 가집니다. 가정 경건회의 가장 큰 장점은 말씀을 함께 나눌 수 있다는 것입니다. 혼자일 경우에는 그 말씀을 개인적으로 묵상하면서 기도하는 시간을 가지면 될 것입니다.

07 헌금 | 예배당에서 예배하지 못하고 가정 경건회를 가지더라도 헌금순서를 가지고, 헌금한 것은 교회 계좌로 송금하면 됩니다. 주일 헌금은 성함만 적으면 되고, 나머지 헌금은 성함과 함께 십일조는 '십일조', 감사 헌금은 '감사', 선교 헌금은 '선교'를 적어서 보내주시면 좋겠습니다.

08 설교 동영상 | 주일 오전에 경건회를 가지고 식사를 함께 하고 나면 오후 1시쯤 설교 동영상을 교인 카톡방에 올리겠습니다. 설교를

다시 듣기를 원하시면 활용하시면 됩니다. 이 설교 동영상은 경건회를 대체하라고 올리는 것이 아니라 설교문을 읽고 나눈 것을 다시금 상기하기 위한 목적입니다. 한 주간 동안 이 설교 동영상을 들으면서 말씀을 다시금 상기할 수 있습니다(이후에 설교 동영상 제작이 큰 의미가 없겠다 싶어서 설교 본문을 연구하고 묵상하면서 경험했던 것들과 설교문에 다 녹여내지 못했던 것들을 담아내는 10분 짜리의 영상을 만들어서 말씀 묵상에 도움을 주고 있다.)

09 말씀 나눔 │ 주일 오후에는 경건회를 하면서 나눈 말씀을 교인 카톡방을 통해서 나누어 주시기를 바랍니다. 들었던 말씀, 가족들과 함께 나눈 말씀을 한 문장으로라도 적어서 다른 성도들에게 나누어 주시기 바랍니다. 이 나눔이 성도의 교제를 풍성하게 할 것입니다. 앞으로 비대면 예배를 계속할 수밖에 없는 상황이라면 주일 오후 예배 때 말씀을 나누는 시간을 가졌듯이 화상으로 교인들이 서로 얼굴을 보면서 말씀을 같이 나누는 시간을 가지도록 하겠습니다.

10 주일 보내기: 주일의 남은 시간은 말씀을 묵상하고, 가족들과 함께 교제하는 시간을 가지기 바랍니다. 또한, 다른 성도들에게 전화나 SNS 등을 통해 서로 안부를 묻고 기도하면서 서로 돌아보는 시간을 가지시기 바랍니다.

주일에 성도들이 가정(개인) 경건회를 가지도록 격려했지만 염려되는 바가 없지 않았습니다. 그동안 여러 가정이 가정 경건회를 해 오고는 있었지만 모든 교인들이 한꺼번에 경건회를 가지는 것은 또 다른 의미에서 큰 어려움이 될 수 있기 때문입니다. 특히나, 홀로 있는 분들과 청년들이 경건회를 가지는 것을 힘들어할 것입니다. 각 가정에서도 가장이 경건회를 인도하는 것을 쑥스러워 할 뿐만 아니라 힘들어 할 것입니다. 많은 성도들은 편하게 예배하기 위해서 예배 실황이나 타 교회 동영상을 시청하기도 할 것입니다. 이에 우리 교회가 가정 경건회를 고집하는 이유를 아래와 같이 재차 해명하였습니다.

가정(개인) 경건회를 고집하는 이유

코로나의 확산이 무서울 정도입니다. 당회는 두 주일(8/23,30)을 가정(개인) 경건회로 가지기로 결정했습니다. 지금의 상태로 보면 이것이 길어질 수도 있습니다. 이런 상황에서 가장 쉽게 예배할 수 있는 방식은 온라인 예배입니다. 최소한의 예배 준비 위원들이 있는 가운데 예배를 하면서 실시간 중계하고 성도들은 있는 처소에서 영상을 보면서 함께 예배하는 것입니다. 그런데 아무런 영상 없이 각 가정에서, 그리고 개인적으로 경건회를 가지도록 하는 것이 너무나 무책임한 것일 수도 있습니다. 경건회를 가지는 것은 그만큼 힘든 것이기 때문입니다.

어떤 분은 우리 교회가 온라인 예배를 하는 것이 아니라 경건회를 가지도록 하는 것이 문제라고 생각할 것입니다. 교인들을 위해 왜 최소한의 편의 제공도 하지 않느냐고 생각할 수 있으니 말입니다. 온생명교회 같으면 대면예배를 끝까지 고수하든지, 아니면 소나기는 잠시 피해가야 하니까 온라인 예배를 할 것이라고 생각했을 것입니다. 온라인 예배는 현장 예배와 크게 다르지 않다는 생각일 것입니다. 영상이지만 실제로 목사가 예배를 인도하니까요. 실제로 설교도 하니까요. 온라인 예배는 현장 예배를 영상 예배로 대체하는 것이고, 한 곳에 모이는 것을 여러 장소에 나누어져서 예배하는 것이니 크게 문제될 것이 없다고 생각할 것입니다. 맞습니다. 코로나가 아니라도 지금까지 대부분의 교회가 그렇게 해 왔습니다. 온라인 예배가 크게 문제될 것이 없습니다. 그런데 가정 경건회를 하도록 하면 교인들이 교회가 없어도 되겠다는 생각을 할 수 있다고 걱정하는 이들이 있습니다.

심지어 목사가 없어도 되겠다는 생각을 할 수 있다고 걱정하는 이들이 있습니다. 가정 경건회를 강조하는 것이 교회나 목사나 예배를 무너뜨릴 수 있다고 생각할 수 있습니다. 과연 그럴까요?

우리가 가정 예배라는 말을 사용하지 않고 고집스럽게 가정(개인) 경건회라는 용어를 사용하는 것은 이것이 임시적이고, 함께 모여서 한 장소에서 드리는 공예배를 대체할 수 없다는 것을 강조하기 위함입니다. 온라인상에서도 우리는 함께 모일 수 있지만 몸을 가지고 있는 우리는 특정한 장소에 몸을 끌고가서 함께 만나야 합니다. 그래서 함께 모여 예배하게 될 날을 간절히 기다리면서 나뉘어져서 경건회를 가집니다. 가정 경건회에서도 중요한 것은 말씀이기 때문에 목사가 작성한 설교문을 읽습니다. 우리는 한 말씀을 듣습니다.

코로나 사태로 인해 주일에 대해, 예배에 대해 다시금 생각하게 됩니다. 하나님께서 주일을, 예배를 흔들어 놓으셨기 때문입니다. 저는 개인적으로 목사는 자신이 필요 없어지기 위해 존재한다고 생각하곤 합니다. 공적으로 세워진 목사는 예배에서 하나님의 입이 됩니다. 그래서 교회에서는 목사가 없으면 안 됩니다. 예배에서는 목사가 없으면 안됩니다. 교인들이 모인다고 그 모임 자체가 예배가 되는 것이 아닙니다. 하지만 목사는 자신이 없어져야 할 날을 간절히 기대하면서 일해야 합니다. 대면해서 예배할 수 없으니까 온라인에서라도 목사가 얼굴을 비춰야 목사의 존재가치가 있는 것이고, 그래서 목사가 없으면 안되겠다고 생각하게 만들 필요는 없습니다.

우리가 있는 처소에서 경건회를 가지는 것은 죽도 아니고 밥도 아닐 수 있습니다. 온라인 예배에 참여하는 것보다 못한 것이 될 수 있습니다. 주일에 가정(개인) 경건회를 가지도록 한 것은 성도들의 최소한의 노력이 있어야 의미가 있습니다. 혼자든지, 아니면 가정에서 몸을 일으켜 경건회를 가져야 하니까 말입니다. 이것은 영상으로 예배하는 것에 참여하는 것보다 훨씬 더 큰 노력을 요구합니다. 온라인 예배는 접속한 것을 확인이라도 할 수 있는데, 경건회는 누가 확인하는 것도 아니고 말입니다. 힘들더라도 오늘도 경건회를 잘 가지시기 바랍니다. 혼자 있는 분들은 더 힘들 수 있는데요. 혼자라도 쑥스럽겠지만 몸을 일으켜 경건회를 가지시기 바랍니다. 혼자서는 받은 말씀을 나눌 수가 없으니 경건회를 한 후에 교인 카톡방에 들어와서 받은 말씀을 나누어 주시기 바랍니다. 가정 경건회를 가질 때는 가족이 함께 설교문을 읽고 그 말씀을 나누는 시간을 가지기를 바랍니다. 그리고는 온라인에서 나눈 말씀을 재차 나누면 좋겠습니다.

가정(개인) 경건회는 어떤 다른 프로그램이나 훈련보다도 중요합니다. 우리는 경건회를 통해 잘 훈련되어져서 봉사의 일을 할 수 있는 사람들이 될 것입니다. 참으로 아이러니한 것이 부족한 경건회가 잘 갖추어진 공예배보다 더 큰 훈련의 장이 될 수 있다는 것입니다. 하나님께서 코로나로 인해 우리의 삶의 터전과 예배조차 흔들어 놓으실 때 우리가 더욱 더 견고하게 설 수 있기를 바랍니다. 하나님께서 한껏 흔들어 놓으실 때 무너질 것들은 빨리 무너지는 것이 좋습니다. 이렇게 하나님께서는 흔들어 놓으시고 무너뜨리면서 무너지지 않을 나라를 우리 가운데 세우실 것입니다. 무너지지 않을 그 나라의 백성은 경건회를 잘 하고, 받은 말씀을 잘 나누고, 그 말씀을 가지고 인내하며 사는 사람들입니다. ^^

가정 경건회를 가지기 시작하면서 절박감이 든 것일까요? 홀로 있는 청년들도 경건회를 가지기 시작했습니다. 만약 어느 누구에게도 의존하지 않고서 스스로 살아남아야 하고, 스스로 경건의 훈련을 해야 한다고 느꼈다면, 그것은 부족한 것입니다. 우리는 함께 서가야 하기 때문입니다. 함께 모여 예배하는 것을 사모해야 하기 때문입니다. 그래서 하나라는 것을 확인하고 누리는 것만큼 우리가 혹 홀로 살아가더라도, 홀로 있다고 느끼더라도 우리는 주의 백성으로 살아갈 수 있습니다. 한 청년의 말씀 묵상과 경건회에 대한 소감을 들어 봅시다.

오늘 설교 제목 <너 잘되기를 원한다고 할 때> 그리고 그 첫 문장

"다 너 잘되라고 이러는 것 아니냐?" 어디서 많이 들어본 듯한 이 말들, 오늘의 설교는 시작부터 공감이 많이 되는 것 같습니다. '그래, 어렸을 적에 저런 비슷한 말을 가끔씩 들었지'라는 생각을 한 채 설교를 계속해서 읽어 나갑니다. 오늘 설교는 '우리는 함께 안식을 누리기를 간절히 바래야 한다'는 주제로

> 1. 안식을 누리기를 간절히 바래야 한다.
> 2. 안식을 누리기 위한 길을 제시해야 한다.
> 3. 안식을 누리기 위해서는 순종해야 한다.

위 세 문단으로 나누어 말씀을 전해 주셨습니다. 설교를 다 읽고 생각을 정리할 겸 다시 한번 설교 말씀을 훑어보는데 한 문장이 눈에 들어옵니다. "믿음은 현재 처지를 벗어나려는 절박한 몸부림이 아니라 안식을 소망하는 힘찬 몸짓입니다." 나는 지금 어떤 믿음을 가지고 있는가, 절박한 몸부림인가, 안식을 소망하는 몸짓인가. 많은 생각이 듭니다. 요즘 같은 시기라 그런지 평소보다 더 생각이 많아지는 듯 했습니다.

어렸을 적에 저는 제가 살아가면서 교회를 가지 못하는 날이 있을 거라는 생각을 하지 못했습니다. 매주 일요일이 되면 항상 교회로 향하는 저였기에 이것이 당연한 일이었습니다. 그런데 군대에 있을 때 부대 사정으로 인해 교회에 자주 가기 힘든 상황이 되었을 때 생각했습니다. '아, 교회에 가지 못하는 나날도 있구나, 그간 내가 교회에 갈 수 있었던 것 자체가 어떻게 보면 하나님의 도우심이 있었기에 가능했던 거구나.' 그리고 현재 코로나로 인해 다시금 교회에서 예배를 드리기

힘든 상황이 찾아와 지난주부터 교회를 가지 못하고 집에서 가정 경건회를 드리게 됐습니다. 다시금 예배가 주의 은혜가 있어야 할 수 있다는 것임을 깨닫게 되는 것 같습니다. 이 힘든 시기를 잘 보내고 다시금 교회에서 예배드리는 날이 빨리 올 수 있기를 바랍니다.

* 가정 경건회

오늘 아침 일어나서 카톡을 보니 목사님께서 장문의 카톡을 올리셨습니다. 처음에 봤을 때는 '아 길다...'라는 생각에 잠시 읽기를 망설였지만 중요한 내용일 것이라는 생각에 펼쳐 읽어보았습니다. 내용을 보니 가정(개인) 경건회를 고집하는 이유에 대한 내용이었습니다. 마침 저는 개인적으로 교회에 가지 못하는 지금 가정 경건회 보다는 온라인 예배를 통해 주일을 보냈으면 마음이 있어 목사님께서 왜 온라인 예배가 아니라 가정 경건회를 하려고 하실까 하는 의문이 있었기에 집중해서 글을 읽어 나갔습니다. 글을 다 읽고 나니 목사님께서 왜 가정 경건회를 하려고 하시는지 알게 되었습니다. 완벽하게 다 이해하고 공감하지는 못하였지만 어떠한 이유에서 가정 경건회를 권고하시는지 그리고 저의 생각보다 가정 경건회가 굉장히 중요하다는 점은 알게 된 것 같습니다.

전교인 가정(개인)경건회로 전환한 후에 깜짝 놀랄 일이 일어났습니다. 처음에는 반신반의했지만 교인들이 말씀 묵상한 것을 자발적으로 나누기 시작했습니다. 교인 카톡방에 빨리 만나서 함께 예배하고 싶다는 말부터 시작하여, 받은 말씀을 나누는 글들이 올라오기 시작했습니다. 공예배를 할 때는 목사가 일방적으로 말씀을 전하고 끝나지만 경건회를 가질 때는 말씀을 나누는 시간도 가지기에 그 말씀을 묵상할 수 있고, 더 나아가 말씀을 나눌 수 있었습니다. 이것이야말로 성도의 교제와 소위 말하는 삶의 예배가 본격적으로 시작되는 것이 아니겠습니까?

처음 목회 서신을 보낼 때는 딱 두 주일 동안 현장 예배가 아예 없고 가정 경건회만 가지겠다고 했습니다. 하지만 9월에도 우리는 함께 모여 예배하지 못하고 가정 경건회를 계속했습니다. 부모들의 피드백이 들어오기 시작했습니다. 공예배때는 자녀들이 설교 시간에 졸고 딴 짓하기도 했고, 부모인 자신들도 말씀에 집중하지 못할 때가 많았는데 경건회를 하면서 설교문을 돌아가며 읽으니 분명하게 이해할 수 있었다는 것입니다. 말씀을 나누기 위해 읽었기 때문에 집중할 수 있었다는 것입니다. 그리고 난생 처음으로 자녀와 더불어 말씀을 나누고 질문하고 답하는 시간도 가졌다는 것입니다. 한 성도께서 가정 경건회를 가진 것을 다음과 같이 나누기도 했습니다.

독방(?) 가정 경건회 첫 소감문

집에서 함께 사는 2인을 제외하고 경건회를 갖는 게 쉽지 않은 저는 그동안 우리 교회가 주일 공예배를 고수하는 감사함에 방역 방침을 지키며 예배를 드릴 수 있었습니다. 마침 이번주는 ○○이도 당직이라 출근하고 혼자 집중하기위해 방문을 닫고 목사님의 안내대로 가정 경건회를 시작하였습니다. 10시부터 내용을 두세 번 읽고 기도로 준비하는데 눈물이 많이 나더군요. ㅠ_ㅠ 교회의 성도들과 함께 예배함이 얼마나 기쁨이고 복인지 새삼 한 번 더 느낄 수 있었고 이런 비상 시국에 가족이 함께 둘러앉아 가정 경건회를 하지 못하는 안타까움에 더욱 그랬습니다.

그럼에도 불구하고 주시는 말씀으로 위로받으며 깊은 기도와 묵상으로 삼위 하나님의 교제와 소통을 맛볼 수 있었습니다. 함께 만나 성도의 교제를 하지 못하는 아쉬움이 남았지만 우리네 인생에 주시는 생사화복, 즉 오늘처럼 ㅇㅇ샘의 아빠됨을 온라인의 소통의 장에서라도 축하와 기쁨을 나눌 수 있음이 감사할 따름입니다. 몸은 멀리 거리두기 기간이지만 마음의 거리는 좁게 좁게 둘 수 있으니 감사할 따름입니다. 이제 겨우 2주 못 뵈었는데 다들 보고 싶네요. ㅎㅎ

참고로 지금 절대 아프시면 안되는 거 아시지요? 지난 연휴 때 일하러 다녀와서 열이 나고 몸살이 심하게 나서 응급실에 갔는데 코로나 검사 후 음성이 나와야 진료가 된답니다. 응급약 처방만 받고 꼬박 3일 엄청 앓았습니다. 다음날 음성 나와서 다시 응급실 갔는데 의사파업으로 진료가 안되더군요. ㅜ_ㅜ 다행히 열도 잡히고 많이 호전되어 이제 살 것 같습니다. ㅎㅎ 건강관리 잘하셔서 절대 병원가는 일 안 생기도록 하시기 바랍니다. 이상 어설픈 글로 가정 경건회 소감문이었습니다.

가정 경건회가 계속되면서 주일 오후에 오전 경건회 때 나눈 말씀을 가지고 ZOOM이라는 프로그램으로 얼굴을 보면서 대화하기 시작했습니다. 몇몇 젊은 가정들은 연로한 성도들의 가정을 방문하여 ZOOM 설치하는 법을 알려드리면서 안부를 묻기도 했습니다. 물론, ZOOM으로 얼굴을 보면서 대화를 나누는 것이 어색해서 참석하지 않는 성도들도 여럿 되었습니다. 하지만, 참석한 성도들은 빨리 보고 싶다고 눈물짓기도 했고, 이렇게라도 얼굴을 보니 너무 좋다고 다들 기뻐했습니다. 오전에 나눈 설교를 다른 성도들과 나누는 것도 기쁨이었습니다. 하나님께서는 공예배를 하지 못하는 주의 백성들에게 어설픈 경건회를 통해서 새로운 은혜를 베푸셨습니다.

10–11월: 현장 예배를 다시 시작하다

한 주일이라도 빨리 함께 모여 예배하기를 바랬지만, 추석 끝자락에 있는 10월 첫째 주일까지 가정 경건회를 가지고 10월 둘째 주일부터 현장 예배를 하기 시작했습니다. 사회적 거리두기가 아직까지 2단계에 머물라는 방역당국의 지침이 있었기에 공간을 고려하여 오전 예배와 오후 예배로 나누어 예배했습니다. 장소도 본당과 친교실 두 곳으로 나누어서 예배했습니다. 7주만에 함께 모여 하는 예배였기에 다들 감격하며 예배했습니다. 하지만, 감격이 있는 반면에 모든 성도를 한꺼번에 보지 못해 아쉬움이 크기도 했습니다. 목사인 나로써는 평생 처음이지만 근 두 달 동안 가족과 함께 가정 경건회를 하다가 다시 예배를 인도하는 것이 힘들기도 했습니다. 주일에 식사도 하지 못하고 두 번 동일한 예배를 인도해야 했기 때문입니다. 그런 와중에, 주일 현장 예배 중 한 장로의 목회 기도는 모두에게 큰 울림을 줍니다. 기도문을 봅시다.

주일 예배 기도문

하나님 아버지, 은혜를 감사합니다. 거룩하고 복된 주의 날, 사랑을 입은 주의 자녀들을 몸된 교회로 불러, 한 몸을 이루어 주님을 예배하게 하시니 감사합니다. 우리를 세상에 홀로 두지 아니하시고, 한 성령을 받고 한 소망 안에서 부르신 주의 지체들을 한 교회로 부르셔서 그리스도 안에서 한 하나님의 사랑으로 교제케 하심을 감사드립니다. 만유 위에 계시고 만유를 통일하시고 만유 가운데 계신 만유의 아버지를 한 주님으로 함께 고백하게 하시고, 구원에 이르는 믿음으로 그리스도와 연합되어 죄에 대해 죽고 하나님께 대해 사는, 거듭남을 인치는 세례를 통해 우리를 몸된 교회로 구원의 날까지 머리이신 그리스도께 든든히 묶어 주셔서 감사합니다.

복음 안에서 계시된 삼위일체 하나님에 대한 보편 신앙을 고백하는 거룩한 공교회로 세우신 온생명교회로 우리를 모으시고, 매 주일마다 회집하는 공예배를 통해 은혜의 방편인 말씀과 성례가 끊이지 않게 하셔서, 우리를 이 시대에 주님의 증인된 삶을 살아가게 하셨나이다.

코로나19 바이러스로 인해 삶의 양태가 이제껏 경험해보지 못한 속도로 변화하고 있는 상황 가운데에서도 이 시대의 빛과 소금이 되도록 교회의 증거와 성도의 삶을 변치 않고 요구하시는 주님의 부름이 있음을 이 시간 기억합니다.

주님, 이제껏, 우리의 무지와 연약함과 게으름에도 불구하고 주님의 말씀의 경책과 주 성령님의 위로와 인도하심이 이 교회를 든든히 붙들어 주셨음을 고백하지 않을 수 없습니다. 신실한 말씀의 직분자를 통해 진리의 말씀이 강단에서 끊임없이 선포되게 하시고, 그 선포된 말씀에 성도들이 삶 가운데 믿음으로 반응하고 있는지 장로의 심방으로 돌아보게 하시며, 어려운 형편으로 인해 성도의 교제에서 멀어지는 자가 없도록 집사회가 긍휼의 사역을 감당하게 하셔서, 직분의 섬김과 다스림을 통해 그리스도의 통치가 지금도 교회 안에서 신실하게 시행되고 있음을 보게 하셨습니다.

적은 능력을 가지고도 주님의 말씀을 지키며 주님의 이름을 배반하지 않았던 빌라델비아 교회를 성전 기둥으로 삼으시겠다는 주님의 약속을 기억하며, 이제 간절히 바라옵기는 이 마지막 시대에 주님 앞에서 끝까지 신실하게 믿음을 지키는 충성된 교회가 되게 하옵소서. 어그러진 세상의 풍조가 교회 안에 들어오지 않도록 늘 깨어서 기도하며, 그리스도의 진리의 말씀으로 늘 새롭게 개혁하는 교회 되게 하소서. 주의 몸된 교회의 지체들이 머리이신 그리스도로부터 말씀의 꼴을 날마다 공급받아 그리스도의 장성한 분량이 충만한 자리까지 자라나가는 교회 되게 하옵소서. 그래서, 날이 갈수록, 젖을 떼고 단단한 식물을 먹을 수 있는 성도, 지각을 사용함으로 연단을 받아 선악을 분별할 수 있는 성도들로 채워져 가는 온생명교회 되길 소원합니다.

주님, 그리스도의 만유의 주 되심을 거부하고 인간 스스로를 만물의 중심에 세워 사람의 제한된 이성과 과학을 절대시하는 세상의 흐름 속에서 지금 이 세대를 살아가는 성도와 교회를 위해 기도합니다. 우리가 주님으로부터 받은 계시된 진리의 말씀이 세상에서는 미련하며 편협한 것으로 외면당하고 조롱받을 때, 그리고 우리가 받은 말씀을 따라 순종하며 살아도 눈에 보이는 현세적인 보상은 없고 오히려 고난이 닥칠 때, 그러한 때에도 말씀을 놓지 않고 믿음과 소망 가운데 끝까지 인내할 수 있도록 주 성령께서 우리를 붙들어 주옵소서. 물질적인 궁핍이나 세상의 오해와 비난이 닥친다 해도 세상이 빼앗을 수 없는 기쁨이 성도에게 있음을 말씀 속에서 확인하게 하셔서, 고난당한 것이 유익이라 고백하는 저희들 되게 하옵소서.

현대 과학과 산업 문명의 발전이 가져다준 물질의 풍요에 취해 영적인 빈곤은 감각하지 못하는 이 상실과 혼돈의 시대 속에서 우리를 그리스도의 피로 값 주고 빼내어 부르신 주님! 주님과 동행하며 말씀으로 교제함으로써 누리는 영혼의 안식과 그 생명의 풍성함이 얼마나 복된 것인지 우리로 알게 하시고, 또한 세상으로 보게 하옵소서. 우리의 다름이 현세적인 부와 건강과 명예를 더 가진 '소유'의 다름이 아니라, 말씀을 들음으로 길과 진리이신 주님을 알고, 말씀을 순종함으로 주님과 생명의 사귐을 누리는 '존재'의 다름이 되게 하소서.

이를 위해 오늘도 주님, 말씀하옵소서. 우리가 듣겠나이다. 이 시간 세우신 말씀의 직분자를 주 성령께서 감화하사, 주님의 말씀을 깊고 풍성히 전하게 하옵소서. 이 모든 감사와 간구를 우리 구주 예수 그리스도의 이름으로 기도합니다. 아멘.

당분간 나누어서 예배를 해야겠다는 생각을 하고 있었는데 사회적 거리두기가 갑작스럽게 1단계로 낮아져서 10월 셋째 주일부터는 다함께 모여 예배하기 시작했습니다. 처음에는 오전 예배만 하고 헤어질 수밖에 없었습니다. 언제쯤이면 주일에 다함께 식사도 하고, 주일 오후 예배도 함께 할 수 있을까요? 작년까지만 해도 너무나 당연하게 보내던 주일의 모습이 급격하게 바뀌었는데 예전으로 돌아가는 것이 이렇게도 힘들 줄 몰랐습니다. 이제는 예전으로 돌아가더라도 다시는 예전과 같지 않을 것입니다. 우리가 함께 모이는 것이 당연한 것이 아니라는 것을 알았기 때문입니다. 이제부터 우리는 당연하지 않게 모이기 시작할 것입니다.

기독교인인 우리에게 코로나가 준 유익은 몸은 멀어졌지만 서로 돌아보는 마음이 커지게 해준 것입니다. 어떤 성도들은 자녀들의 온라인 수업이 계속되자 수업을 따라가지 못하는 학생들, 부모가 맞벌이를 하기에 자녀를 돌아보는 것이 어려운 아이들을 집으로 초청해서 자기 집 아이들과 놀게 하고 공부를 시키기도 했습니다. 가까이 갈 수 없게 만든 코로나가 도리어 서로를 사모하고 함께 할 길을 찾게 해 주었습니다. 이제 성도들은 세상에서 어떻게 살아야 하는지 고민하기 시작하고 있습니다. 함께 모여 예배할 날을 간절히 사모하고 말입니다. 코로나가 언제까지 계속될지 두려운 것이 사실입니다. 코로나가 우리의 예배를 심하게 흔들고 바꾸어 놓았습니다. 하지만 오히려 주님께로, 이웃에게로 더 가까이 다가가도록 만들어 주었습니다. 주님의 크신 섭리와 은혜가 아닐 수 없습니다.

한 달 뒤면 코로나의 해가 끝납니다. 물론, 최소한 내년 한 해 더 코로나의 해가 계속될 것 같지만 말입니다. 많은 이들은 올 한 해는 없는 것 같은 한 해라고 말하기도 합니다. 그렇습니다. 지워버리고 싶은 한 해일 것입니다. 코로나가 시작된 지 1년이 다 되어가지만 지금도 이 코로나가 꿈 속의 일이었으면 좋겠다는 생각을 하기도 합니다. 그런데 코로나19는 우리의 몸만이 아니라 삶 전체에 커다란 생채기를 내고 있음에도 전혀 유익이 없지는 않습니다. 코로나가 아니라면 결코 생각하지 않았을 온갖 종류의 실험들을 하고 있고, 그 유익도 만만찮습니다. 코로나는 모든 것을 바꾸어 놓았고, 심지어 우리의 주일과 예배 모습을 심하게 흔들면서 바꾸어 놓았지만 우리는 흔들리면서 결코 흔들지 않는 나라를 받았다는 것을 확인하면서 이 세상에서 살아가게 될 것입니다. 너무나 쉽게 흔들릴 이 세상에 목을 매고 살아가지 않을 것입니다. 이런 말을 하는 것이 너무나 잔인하다고 할지 모르겠지만 너무나 감사한 코로나가 아닙니까? 우리를 흔들어 깨웠으니 말입니다.

12–2월: ZOOM(줌) 예배로 방향 전환하다

한 해 동안 쉼없이 코로나와 싸웠는데 한 해의 끝자락이 되어 날씨가 추워지면서 코로나는 제3차 대유행을 시작했습니다. 유럽과 미국은 하루에 수만 명씩 확진자가 속출했습니다. 걷잡을 수 없었습니다. 우리 나라도 예외가 아니었습니다. 12월이 시작되면서 그리스도의 오심을 준비하는 대림절(12/6)이 시작되었지만 확진자가 급증하기 시작해서 새롭게 조정된 사회적 거리두기가 2.5단계로 격상되었습니다. 12월 13일부터 다시금 비대면예배를 할 수밖에 없는 상황이 되었습니다. 2차로 기약없는 가정 경건회가 시작되었습니다. 두 주만 가정 경건회를 가지면 좋겠다고 생각했는데, 성탄절을 앞두고는 급기야 하루 확진자가 1,000명을 넘어가기 시작했습니다. 방역 당국은 사회적 거리두기 3단계, 즉 '셧다운'까지 결정하지는 못했지만, 강화된 2.5단계를 시행하기 시작했습니다. 이 강화된 단계에서는 대면예배를 무조건 금지했습니다. 이전에는 영상 촬영을 위해 20명까지 예배 공간에 허락했지만 수도권 전역에 실내든지 실외든지 관계없이 5명 이상이 모일 수 없게 되었습니다. 식당에서도 5명 이상이 한 상에서 식사할 수 없었습니다.

교회가 정부를 향해, 모여서 성탄절 예배를 드리게 해 달라고 했지만 소용이 없었습니다. 우리는 성탄절 예배도 가정 경건회로 가질 수밖에 없었고, 송구영신 기도회도 처음으로 ZOOM을 이용해서 함께 기도하는 어색한 모습을 연출했습니다. 새해를 시작할 수 있는 상황이 아니었습니다. 예결산 통과를 비롯하여 새해의 모든 일정을 미루어 놓을 수밖에 없었습니다. 새해 첫 주일 예배도 가정 경건회로 가졌습니다. 가정 경건회도 어려워진다는 이야기가 들리기 시작했습니다. 이전만큼 집중이 잘 안되고, 자녀들을 경건회 자리에 앉히기도 쉽지 않다는 말이 들렸습니다. 그리고 목사의 목소리를 듣고 싶어하고, 목사가 예배를 인도하는 것을 그리는 모습이 역력했습니다. 그 와중에 6개월 넘게 매주 토요일 저녁마다 중고등부 친구들과 함께 줌으로 두란노에서 출판된『세계교회사 걷기』(임경근)를 공부한 것이 끝나서 한 학생이 아래와 같은 독후감을 올려서 너무나 감사했습니다. 코로나는 이렇게 우리 자녀들을 알게 모르게 성장시켰습니다.

하나님이 교회를 인도하신다

이 독후감은 목사님과 교회사 공부가 끝나고 아빠가 이 책으로 독후감을 쓰는 것이 어떻냐고 하셔서 쓰게 된 독후감이다. 이 책은 109개의 이야기가 일곱 파트로 이루어져 있다. 나는 각각의 파트별로 다시한번씩 살펴보며 각 파트들을 공부할 때 들었던 생각들을 정리해 보려고 한다.

첫째 파트는 교회가 핍박을 받던 시대에 대한 내용이다. 첫 파트에서는 교회에 설립자이신 예수님에 대한 설명부터 로마의 핍박, 그리고 로마의 핍박에도 불구하고 점점 커지는 교회 안의 거짓 선지자에 대한 내용을 다루고 있다. 다른 내용에서도 느낀 점이 많지만 나는 로마의 핍박에도 견뎌내는 신자들의 모습에서 많은 생각을 하게 되었다. 로마의 핍박에 관한 내용은 사실 이 책을 읽기 전에도 많이 알고 있던 내용이었다. 그러나 이 책을 읽으면서 새로운 생각이 많이 들었다. 그 전까지 로마의 핍박을 생각하면 '내가 목숨이 위험해도 예수님을 믿을 수 있을까?' 하는 생각만 했는데 이 책을 읽으면서 '고난에도 잘 참고 버틸 수 있던 이유는 하나님의 은혜로 담대함을 얻어서 그런 것 아닐까?' 하는 생각도 생기게 되었고, 또한 '나도 그런 상황이 오면 하나님의 은혜로 핍박을 견뎌 낼 수 있지 않을까?' 하는 생각도 들었다. 이 부분을 읽으면서 나에게 어떤 일이 생기든지, 가령 교회가 다시 핍박을 받는다 해도 하나님께서 교회를, 나를 지켜주실 것이라는 믿음이 강해지게 되었다.

둘째 파트는 로마의 핍박이 끝난 것부터 기독교의 로마 국교화, 첫 교황의 세워짐, 그리고 동방 교회에 관한 내용이다. 나는 '로마가 기독교를 공식 종교로 인정했을 때, 그리고 그리스도인의 권리를 보장하여 주었을 때, 그 당시 신자들이 밀라노 칙령의 내용을 알게 되었을 때 신자들은 말로 표현하지 못할 만큼 기뻐하지 않았을까?' 하는 생각이 들었다. 그리고 콘스탄티누스에 일화를 생각해 보았다. 그 일화가 진짜일지 의심이 들기도 하고 '하나님의 섭리는 정말 사람이 알 수 없구나' 하는 생각도 들었다. 그러나 기독교의 로마 국교화, 그리고 교황과 계급이 세워지는 부분부터 이상함을 느끼기 시작했다. 국가가 교회를 다스리는 것처럼 했으니 당연히 말도 안 되는 일이었다. 교황과 사제 이렇게 직분에 계급이 생겼다는 것은 더더욱 말이 안 되었다. 성경에는 계급에 대한 내용이 없기 때문이다. 이 책에 나오듯 예수님은 서로를 다스리는 것이 아니라 서로를 섬기라고 말씀하셨다.

세 번째 파트는 중세 시대 교회에 있었던 일, 수도원이 세워짐과 십자군 전쟁 등에 관한 내용이다. 세 번째 파트에서 가장 먼저 나오는 내용이 그레고리우스의 관한 내용인데 그레고리우스가 교황으로 선출된 해를 중세의 시작으로 본다고 했다. 나는 그렇게 하는 것이 좋다고 생각했다 왜냐하면 지금 '중세 교회' 하면 생각나는 것이 성가나 성상,

성유물 또는 성지순례 같은 것들인데 그것들을 모두 그레고리우스가 만들었기 때문이다. 그리고 나는 그레고리우스가 만들어 낸 것들을 보며 '기독교가 로마의 국교가 되면서부터 이상해지던 것이 이젠 최악으로 다다르는구나' 하는 생각이 들었다. 성상은 그 모형이 성스러운 것도 아닌데 그것을 섬기는 것은 우상을 섬기는 것과 마찬가지이고, 성지순례도 성지가 따로 정해져 있는 것도 아닌데 그런 것을 중요하게 생각하다니 정말 어리석은 짓이다. 중세 시대에 처음 만들어진 수도원도 그렇다. 여기서 나오는 중세 시대 수도원은 불가능한 것을 하려고 하는 곳이다. 사람은 거룩해질 수 없다. 그런데 그 당시 수도원은 금욕적으로 살면서 거룩해지려고 하는 곳이었다. 거룩해지려고 하는 것 자체가 헛된 욕망이었다. 이렇게 잘못된 생각들을 한 번에 보여주는 것이 나는 십자군 전쟁이라고 생각한다. 십자군 전쟁은 그 당시 예루살렘을 차지하고 있던 이슬람이 유럽인들이 예루살렘으로 성지순례 오는 것을 금하자 유럽인들이 군대를 모아 예루살렘을 공격한 전쟁이 1차 십자군이다. 십자군은 예루살렘을 차지하는데 성공한다. 하지만 이슬람에게 예루살렘을 다시 빼앗기자 유럽인들은 예루살렘을 탈환하기 위해 2차부터 9차까지 십자군을 일으키지만 전부 실패한다. 내가 십자군 전쟁이 잘못된 생각들을 보여준다고 했던 이유는 이 사건으로 그 당시에 성지가 얼마나 중요했는지 보여주기 때문이다. 십자군을 무려 9차까지 준비했다는 것은 어떻게든 성지를 얻으려고 했다는 것을 분명히 보여준다. 정작 얻으려고 했던 그 성지는 전혀 특별한 것이 없는데 말이다. 성스러운 것, 그런 것은 어떤 장소에 매여있지 않다. 전 세계 어디에 있든지 예수님이 함께 계신 곳이 성지, 아니, 우리 할아버지가 말씀하셨듯이 예수님이 계신 곳이 천국이다.

네 번째 파트는 종교개혁가인 루터와 츠빙글리에 관한 내용이다. 네 번째 다섯 번째 파트는 종교개혁에 한 내용을 다루고 있다. 나는 루터에 대한 내용을 읽을 때 하나님의 섭리를 다시 한번 느낄 수 있었다. 루터 자신도 95개의 논제를 붙일 때 이 95개의 논제가 유럽 전체에 영향을 주고 종교개혁의 시작이 될 것이라고 꿈에도 생각해 본 적이 없었기 때문이다. 루터가 95개의 논제를 붙인 것은 하나님이 그것을 종교개혁의 시작점으로 쓰시려고 루터를 사용하신 것이었다. 루터에 대한 내용 다음으로 츠빙글리에 대한 내용이 나온다. 그동안 루터와 칼뱅은 많이 들어봤지만 츠빙글리는 많이 들어 보지 못하여서 츠빙글리에 대한 내용은 조금 새로웠다. 이 내용을 읽으면서 츠빙글리에 생애와 생각에 대해 조금이나마 알 수 있었다. 그러나 이 부분을 읽으며 아쉬운 부분이 있었다. 더 많은 내용이 담겨있지 않아서 아쉬웠던 것이 아니라 루터와 츠빙글리가 뜻을 합치지 못한 것이 아쉬웠다. 루터는 '성찬상에 예수님이 내려오신다'는 주장이었고 츠빙글리는 '성찬은 그냥 상징일 뿐'이라는 주장이었는데 내가 보기에는 어딘가가 부족해 보였다. 정확히 집어내기에는 애매하지만 어딘가 부족해 보였다. 진짜 의미에 대해 예수님이 직접 설명해 주시면 좋겠다는 생각이 들었다.

다섯 번째 파트는 칼뱅과 유럽의 종교개혁에 대한 내용이다. 칼뱅에 대한 내용은 앞에 루터나 츠빙글리에 대한 내용보다 알고 있는 것이 많았다. 그럼에도 새로 알게 된 내용이 많았다. 이 내용을 읽으면서 '다른 종교개혁가들이 극찬을 했던 제네바는 어떤 모습이었을까?' 하는 생각이 들었다. '제네바가 그 당시 최고의 도시가 아니었을까?' 하는 생각도 들었다. 칼뱅에 대한 내용은 칼뱅의 죽음으로 끝이 나는데 그 부분에 칼뱅이 교회에 미친 영향이 정리되어 있어서 좋았다. 칼뱅이 교회에 미친 영향을 읽어보니 지금의 교회가 칼뱅이 생각했던 것과 비슷하다는 생각을 하게 되었다. 다섯 번째 파트 중간부터는 잉글랜드, 프랑스, 네덜란드 등의 나라에서 일어난 종교개혁을 다루고 있다. 잉글랜드 종교개혁은 이 책에서도 말하듯이 완전 반쪽짜리라고 생각이 들었다. 왕의 욕심으로 종교개혁이 시작되었으니 말이다. 하지만, 이상하게 시작되긴 했어도 종교개혁이 이루어져서 다행이다. 잉글랜드 종교개혁에 대한 내용 다음으로 스코틀랜드 종교개혁에 대한 내용인데 어디선가 많이 들어본 이름 '존 녹스'라는 종교개혁가가 나왔다. 어디서 들어봤나 했더니 존 녹스는 장로교회의 창시자였다. 지금 우리 장로교회가 종교개혁 시대부터 시작되었다는 것과 장로교회가 스코틀랜드에서 시작되었다는 것이 신기했다. '장로교회의 역사를 따로 알아보는 것은 어떨까?' 하는 생각이 들었다.

여섯 번째 파트는 영국 교회 역사와 미국 교회에 대한 내용이다. 그런데 나는 여섯 번째 파트부터는 조금씩 지루해지기 시작했다. 한두 나라에 대한 내용만 나와서 그런지 아니면 너무 새로운 내용이어서 그런지 모르겠지만 이때부터 책 읽고 공부하는 것이 지루해졌다. 꼭 한두 나라만 나오는 것은 아니고 여러 가지 많은 사상, 즉 ○○주의 이런 것이 많이 나왔는데 어떤 주의가 뭐고 어떤 주의가 뭔지가 정리가 되지 않아 많이 혼란스러웠다. 그래서 영국 교회에 대한 내용을 읽을 때 아무런 생각이 들지 않았다. 그냥 '아 이렇게 해서 신대륙에 가게 되었구나' 하는 생각만 들었다. 또한 그 뒤로 여러 사상이 나올 때 뭐가 뭔지 헷갈려서 정리된 표 같은 것이 있으면 좋겠다는 생각이 들었다. 그래도 그다음 내용인 미국 교회와 독립 전쟁, 그리고 1, 2차 대각성에 대한 내용은 조금 흥미가 있었다. 1차 대각성은 종교개혁과 비슷하다는 생각이 들었다. 1차 대각성을 주도한 사람들의 생각이 종교개혁가들의 생각과 매우 비슷하게 느껴졌다. 그렇게 1차 대각성 뒤로 독립전쟁, 산업혁명, 서부개척 등이 나오고 2차 대각성이 일어난다. 2차 대각성은 이 책에서 말하듯이 독립전쟁, 산업혁명, 서부개척이라는 시대 정신 때문에 신앙에서 도덕으로 바뀐 교회를 변화시키려고 시작되었다. 그러나 2차 대각성은 1차와는 다르게 많이 잘못된 것 같았다. 갑작스러운 회심과 엄청난 체험 같은 것을 바라고 인간의 자유의지를 믿었으니 잘못된 것이었다. 그래도 2차 대각성이라는 것을 통해 그 당시 교회가 많이 커졌으니 다행이었다. 약간 지루하긴 했어도 미국 교회의 역사를 잘 알 수 있었다.

마지막 일곱 번째 파트는 마지막 파트이자 가장 긴 파트이고 여러 가지 매우 다양한 이야기가 나오기 때문에 가장 기억에 남는 두 가지 이야기만 적으려고 한다. 그 두 가지는 선교와 네덜란드 교회에 대한 내용이다.

선교의 대한 내용은 우리 나라가 나와서 기억에 남았다. 그중에 흥미가 있었던 부분이 있는데 한국 교회가 근대화와 함께 성장할 수 있던 이유가 바로 일제 강점기에 일제가 기독교를 탄압했으므로 기독교가 애국 종교처럼 보였다는 점과 기독교 국가인 미국이 우리나라가 일본으로부터 독립하는데 큰 영향을 줌으로써 기독교는 좋은 종교라고 생각하게 됐다는 점 때문에 한국 교회가 성장할 수 있었다고 말한다. 이 내용이 흥미로웠는데 그 이유는 지금까지는 이런 이유에 대해 한번도 생각해 본 적이 없었기 때문이다. 그동안은 '한국 교회의 성장 이유' 하면 제대로 대답을 못 했었는데 이 이유를 듣고 나니 이젠 술술 대답할 수 있을 것만 같았다. 그래서 이 이야기가 기억에 남았다.

두 번째로 기억에 남는 것이 네덜란드 교회였다. 이 내용에서는 어디선가 많이 들어본 '아브라함 카이퍼' 라는 사람이 나왔다. 나는 이 내용을 읽으면서 '아브라함 카이퍼'라는 신학자가 네덜란드 개혁교회의 중심 인물이었다는 것을 알게 되었다. 네덜란드 교회 내용은 그렇게 많은 분량은 아니었지만 네덜란드 교회가 어떻게 개혁교회가 되었는지 잘 알 수 있었다. 아마 네덜란드 교회가 기억에 남았던 이유도 네덜란드 교회가 개혁교회가 되면서 끝나기 때문인 것 같다.

이렇게 세계 교회사 걷기를 읽고 나서 든 생각과 느낌을 정리해 보았다. 이 책을 읽으면서 많은 것을 알게 되었고 많은 생각을 하게 되었다. 이 책을 읽기 전에는 교회사를 배우는 이유가 단지 '옛날에 어떤 일이 있었는지 알고 예전에 했던 잘못을 다시 하지 않기 위해서' 라고만 생각했는데 이 책을 읽고 많은 생각을 하면서 교회사를 배우는 이유가 '하나님이 역사 속에서 어떻게 일하셨는지와 하나님의 은혜와 섭리를 알기 위해서' 라고 생각하게 되었다. 교회사를 보면 하나님의 은혜와 섭리를 분명히 알 수 있었기 때문이다. 우리가 왜 교회사를 공부해야 하는지를 깨닫게 된 뒤 교회는 하나님께서 인도하신다는 믿음이 더 강해지게 되었다. 앞으로도 이 믿음이 점점 강해지면 좋겠다는 생각이 들었다. 이 독후감을 마치면서 감사드리고 싶은 분들이 있다. 잘 모르는 분이지만 이 책을 써 주신 임경근 목사님과 이 책으로 우리를 가르쳐 주신 안재경 목사님, 그리고 누구보다도 이 책을 쓰게 하시고 이 책으로 가르치게 하시고 이 책에 내용을 이해하게 하시고 이 책을 읽고 많은 생각을 하게 해주신 하나님께 정말 정말 감사하다.

당회는 1월 둘째 주일부터 ZOOM으로 예배하기로 결정했습니다. 예배 영상을 촬영하여 실시간으로 전송하더라도 각자의 자리에 있는 교인들은 화면을 틀어놓고 구경하는 입장이 될 수밖에 없어 영상 예배를 아예 실행하지 않았던 것인데, 이제는 영상 예배로 돌아가려고 한 것입니다. 그런데, 이율배반적으로 보일지 모르겠지만 ZOOM은 다른 효과가 있었습니다. 교인들이 온라인상이지만 한 화면에 직접 들어오게 됩니다. 그래서 한 공간에 들어온 것 같은 느낌을 받을 수 있었습니다. 이에 모든 교인들이 한 화면에 들어온 상태에서 목사가 예배를 인도하기에 함께 예배한다는 느낌을 받을 수 있었습니다. 오전 예배가 시작되기 1시간 전에 접속을 기다리는 성도도 있었습니다. 인도로 근무를 위해 떠난 성도도 함께 예배하기 어려운 상황이었는데 온라인에 참여하여 얼굴을 볼 수 있게 되니 감격스러웠습니다.

예배당에 입장하듯이 모든 성도들이 순차적으로 ZOOM에 들어와 예배하는 기쁨을 누렸습니다. 서로의 얼굴을 보며 예배했지만 성도들은 '모두 음소거' 상태로, 예배를 인도하는 목사만 마이크를 킨 상태로 예배가 진행되었습니다. 찬송할 때는 찬송 음원을 흘려 내보냈지만 성도들은 각자의 자리에서 소리높여 찬송했습니다. 설교 후에 광고를 할 때는 성도 가정의 장례나 축하할 일 등을 알리면서 그 성도에게 인사할 시간을 주니, 떨어져 있지만 바로 옆에서 생생하게 성도의 소식을 직접 들을 수 있었습니다. 예배가 마치고 난 다음에 모두 음을 켜고 자발적으로 인사를 나누니 시장 바닥처럼 왁자지껄한 장면이 연출되었습니다. 아이가 큰 모습에 감탄하기도 하고, 인사를 주고 받는 시간이 길어졌습니다. 성도들은 본인들이 원하는 때에 자유롭게 ZOOM에서 나갔고, 몇몇 가정들은 남아서 1시간 이상이나 이야기를 나누기도 했습니다. 예배가 온라인 상에서 새롭게 진화(?)했다고 할까요? 코로나는 우리의 예배를 이렇게 바꾸어 놓고 있습니다.

코로나의 제3차 유행기에 몇몇 교회들에서 확진자가 나오기 시작했습니다. 역학 추적 조사를 할 수 없을 정도로 확진자가 지역사회에 광범위하게 퍼졌기에 예배에 참석하고 난 다음에 코로나 증상이 있어 발병되면 다 교회발 감염이었습니다. 그런 교회들은 예배당 폐쇄를 당할 수밖에 없었습니다. 게다가 경북 상주에 있는 BTJ(Back To Jerusalem)센터에서 휴대폰을 꺼놓고 수천 명이 집회에 참석했다고 하는데 이 인터콥발 감염이 전국적으로 확산되면서 또 다시 기독교가 욕을 듣게 되었습니다. 게다가 허무맹랑한 음모론에 사로잡혀 있었다니 아연실색할 수밖에 없었습니다. 일부 단체의 이야기이기는 하지만 한국 기독교가 수준 이하라는 것을 보여준 셈입니다. 한편 방역을 위해 대면예배를 아예 금지시키다 보니 곳곳에서 대면예배를 강행하는 일도 벌어졌습니다. 확진자가 나오지 않는데 왜 개신교 예배만 문제 삼느냐고 소리를 높이기도 했습니다.

많은 교회들이 장시간 대면예배를 하지 못했기 때문에 온라인 헌금을 하도록 유도했어도 헌금이 20% 가까이 줄어든 것이 사실입니다. 이렇게 가다가는 폐쇄할 수밖에 없는 교회들이 기하급수적으로 늘어날 것입니다. 이렇게 하든 저렇게 하든 교회가 폐쇄될 바에는 대면예배를 계속하자는 생각은 문제의 본질을 잘못 짚은 것입니다. '우리는 무조건 예배하겠다'는 것이 아니라 예배의 정신대로 '우리를 기꺼이 내어놓겠다'고 해야 합니다. 코로나 시대에 세상 사람들이 우리의 예배를 주목하고 있습니다. 우리의 예배, 특히 설교가 성경적인 것은 고사하고 최소한의 상식과 합리성을 담보하고 있지 않음이 드러나면 교회는 전도는 고사하고 회복할 길이 없습니다. 코로나는 언젠가 끝나겠지만 우리의 예배가 세상의 골칫 거리가 아니라 세상의 위로 거리가 될 날이 올까요? 결국은 다시 예배의 문제로 돌아갑니다.

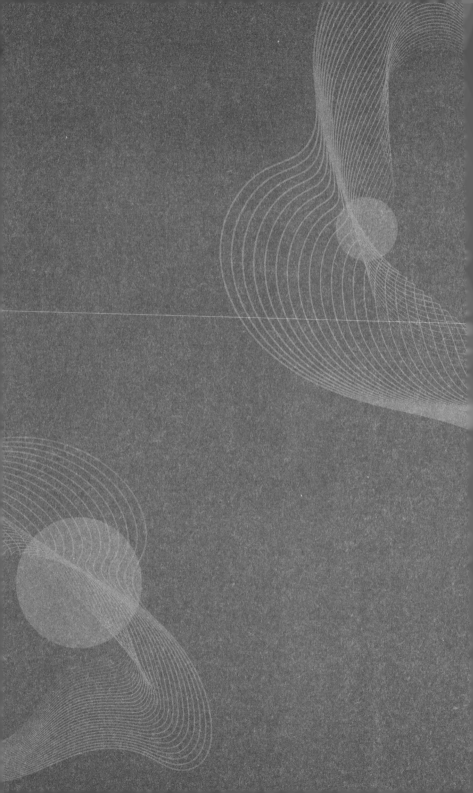